Harry Holzheu

Das ultimative Rhetorik-Brevier

*Die 120 besten Erfolgsprinzipien
für Redner*

Econ

Econ ist ein Verlag der
Ullstein Buchverlage GmbH

ISBN-13: 978-3-430-14704-0
ISBN-10: 3-430-14704-2

Originalausgabe

© Ullstein Buchverlage GmbH, Berlin 2005
Gesetzt aus der Optima
bei LVD GmbH, Berlin
Druck und Bindearbeiten:
GGP Media GmbH, Pößneck
Printed in Germany

Wenn du eine gute Rede halten willst, dann sprich so, wie du mit deinem besten Freund redest, nur etwas lauter!

Inhalt

Vorwort 11

Teil I – Die Vorbereitung des Inhalts 13

Analyse der Zielgruppe 17

Ziel der Rede 20

Hauptbotschaft und Schlusssatz 23

Die individuelle Note 26

Beschaffung der Bausteine 30

Strukturieren der Rede 34

    Rhetorische Fragen 36

    Die Zusammenfassung 38

Das Manuskript 39

Das Streamlining 42

Was soll visualisiert werden? 45

Gags 48

Die Argumentation emotional verstärken .. 51

Die Drei-Minuten-Rede 55

Teil II – Die Wirkung der Persönlichkeit .. 59

Hardpower und Softpower 64

Was Ihre Körpersprache verrät 66

   Die Körperhaltung verbessern 69

Die Gestik verstärken 72

Mit Lampenfieber richtig umgehen 75

Die Persönlichkeit als Marke 79

Selbstbewusstsein und Selbstvertrauen ... 84

Credo und Charisma 88

Die Einstellung zu den Zuhörern 91

Sich in Topform bringen 95

Das Danach 98

Teil III – Was ausserdem wichtig ist 101

Worauf Sie im Vorfeld achten sollten 103
   Ton, Licht und Belüftung 103
   Was Ihnen sonst noch zusteht 109
   Sonderfall Teleprompter 111

Der Anfang vor dem Anfang 115

Zu Beginn »Freunde« suchen 119

Blickkontakt mit den Zuhörern 123

Das Sprechdenken 127

Pausen als rhetorische Macht 132

Der richtige Umgang mit Störungen 135

Tabus vermeiden 140

Distanz und positive Einstellung 142

Übungen 149
   Im Auto singen 151
   Die Atemübung 152
   Mentales Training 153
   Die Sprechübung 155

Schlusswort 155

Vorwort

Seit über vierzig Jahren befasse ich mich mit Menschen, die etwas zu sagen haben. Mit solchen, die gerade damit beginnen, und anderen, die schon Erfahrung darin haben. In tausenden Seminaren und Coachings habe ich vermittelt, wie Persönlichkeiten ihre Erfolge bei Auftritten steigern können; sie kommen seither besser bei den Zuhörern an und hinterlassen mehr positive und manchmal sogar unvergessliche Spuren.

Dieses ultimative Rhetorik-Brevier soll dem gestandenen Redner zum treuen Begleiter werden, wenn es darum geht, das schon Erreichte lebendig zu erhalten und Persönlichkeitsmerkmale im Sinne eines Markenzeichens verstärkt zur Geltung zu bringen. Für neue Redner wird das Brevier ein unersetzlicher Leitfaden sein. Es ist eine Ergänzung meines Buches »Natürliche Rhetorik«, das ich allen Lesern, die noch mehr über Redekunst wissen wollen, zur Lektüre empfehle.

Der Einfachheit halber gebrauche ich die männliche Form »der Redner« etc., meine aber natürlich zugleich »die Rednerin«. Ich bedaure übrigens sehr, dass im Allgemeinen nur wenige Frauen in meine Seminare kommen. Es sollten viel mehr Frauen Reden halten, denn sie haben eine natürliche Gabe, ihre Gefühle zu zeigen und auszudrücken. Damit haben sie einen großen

Vorteil gegenüber uns Männern und sind deshalb oft sehr erfolgreiche Rednerinnen.

Die 120 Erfolgsprinzipien – die Merksätze am Schluss eines jeden Kapitels – sind in der Ich-Form gehalten. Redner lesen so ihre direkten Anweisungen, die für einen guten Auftritt wichtig sind.

Für Fragen, die ich hier nicht beantworte, stehe ich jederzeit – am liebsten per E-Mail – zur Verfügung. Ich wünsche Ihnen viel Erfolg bei Ihren kommenden Auftritten!

Zürich, im Herbst 2005

Harry Holzheu

Kontakt-Anschrift:
Harry Holzheu AG
Bellariarain 4
CH-8038 Zürich
Tel +41 44 481 88 54
Fax +41 44 482 98 56
harry@holzheu.ch
www.holzheu.ch

Teil I
Die Vorbereitung des Inhalts

Meist steht der Termin eines Vortrags lange vorher fest. Bereits wenn man den Auftrag erhält, beginnt man sich Gedanken zu machen, wer die Zuhörer wohl sind und was man ihnen alles sagen möchte. Man »geht schwanger« mit dem Inhalt. Ein gewisses Lampenfieber beginnt sich zu entwickeln. Das ist normal und sogar gut. So kommt der kreative Geist auf Hochtouren!

Hängen Sie Ihren Gedanken nach, wann immer sich die Gelegenheit dazu bietet: in einer ruhigen Stunde, wenn Sie – auf Reisen oder zu Hause – zu müde zum Lesen und nicht müde genug zum Schlafen sind. In einem solchen Zustand ist man sehr kreativ und es kommen einem gute Einfälle. Ich nenne das die mentale Vorbereitung. Sie ist nicht an eine Zeitdauer gebunden. Immer dann, wenn ich Lust und auch die Gelegenheit habe, denke ich ein wenig an das nächste Referat und sammle Ideen.

Manchmal fehlt aber schlichtweg die Zeit für eine umfassende Vorbereitung. Das ist zum Beispiel bei Topmanagern sehr häufig der Fall. Wenn es Ihnen auch so geht, sind Sie gezwungen, einen Weg zu finden, wie Sie sich innerhalb weniger Minuten trotzdem optimal vorbereiten können.

In den folgenden Kapiteln beschreibe ich den Weg, den ich vor einem Referat durchlaufe. In meinen Seminaren gehe ich ihn zusammen mit den Teilnehmern ebenfalls durch, denn diese müssen für den zweiten Seminartag als Hausaufgabe einen Kurzvortrag von zehn Minuten entwerfen. Sie vollziehen zu Hause die einzelnen Schritte nach und finden das Prozedere meist sehr aufwändig. Ihnen wird es wahrscheinlich ebenso gehen, wenn Sie Ihren nächsten Vortrag auf diese Weise vorbereiten. Ich kann Ihnen allerdings versichern, dass Sie nur beim ersten Mal relativ viel Zeit dafür brauchen. Ab dem zweiten Mal wird es immer schneller gehen, das bestätigen auch meine Seminarteilnehmer.

Nach einiger Übung werden Sie sich im Extremfall innerhalb weniger Minuten – etwa auf dem Weg zum Veranstaltungsort – vorbereiten können, indem Sie sich die folgenden Fragen stellen:

- **Was interessiert meine Zuhörer am meisten?**
- **Was will ich mit diesem Referat erreichen?**
- **Was ist meine Hauptbotschaft?**
- **Was sind meine wichtigsten Argumente?**
- **Mit welchen Beispielen kann ich sie begründen?**

Sie werden feststellen, dass Ihre Rede in Struktur und Ablauf viel zielgerichteter sein wird, wenn Sie diese Reihenfolge einhalten, in der auch die nachfolgenden Kapitel stehen.

Analyse der Zielgruppe

Das Erste, worüber Sie nachdenken sollten, ist immer, *zu wem Sie sprechen*. Je homogener Ihre Zielgruppe ist, desto gezielter können Sie Ihren Vortrag auslegen und umso direkter Ihre Zuhörer ansprechen. Haben Sie einen Fernsehauftritt, können Sie sich dieses Kapitel schenken, denn es werden die unterschiedlichsten Menschen zuschauen und zuhören. Andererseits muss Ihr Auftritt dann *allen* etwas bieten. Das ist nicht einfach!

Für interne oder externe Auftritte befassen Sie sich zuerst mit den Menschen, die Sie mit Ihrer Rede beglücken wollen. Ich sage absichtlich *beglücken!* Ihre Zuhörer sollen nicht vor Langeweile sterben, sondern Ihnen interessiert und begeistert zuhören! Die Aufmerksamkeit des Publikums hängt (fast) allein von Ihnen ab!

Ich gehe davon aus, dass Sie Ihre Zuhörer von etwas Konkretem überzeugen wollen. Ihre Rede ist also – wenn nicht ganz, so zumindest hauptsächlich – eine *Überzeugungsrede*. Auftritte bei Medienkonferenzen, Generalversammlungen, Jahrestagungen, Kick-off-Meetings usw. dürfen nicht reine Informationsveranstaltungen sein, sondern müssen unbedingt Überzeugungscharakter haben, denn sie sollen in aller Regel eine Meinungs- oder Einstellungsänderung herbeiführen. Andere Redeformen wie zum Beispiel eine Fest- oder eine Grabrede sollen eher eine bestimmte Atmosphäre schaffen – aber um die geht es hier nicht.

Wenn Sie Ihr Publikum von etwas Konkretem überzeugen wollen, setzt das eine positive Einstellung zu diesen Menschen voraus. Jemanden, den man nicht mag, kann man von nichts überzeugen! Außerdem hat die unfaire Dialektik keinen Platz in der Überzeugungsrede. In einem Streitgespräch schon, da empfiehlt es sich sogar, manchmal unschöne Dinge anzudeuten. Wenn ein Redner etwa sagt: »Es würde mir nie im Traum einfallen zu sagen, dass Herr Meier ein chronischer Alkoholiker ist!«, dann hat er es eben doch gesagt. In einem Streitgespräch können Sie Ihre Gegner niemals von Ihrem Standpunkt überzeugen, Sie arbeiten vielmehr »für die Galerie«, das heißt, Sie wollen die Gunst möglichst vieler Zuhörer gewinnen. Da ist Schlagfertigkeit erwünscht. Nur ist die nicht jedermann gegeben. Es wird zwar behauptet, man könne sie lernen, doch ich habe da meine Zweifel. Ich selbst bin überhaupt nicht schlagfertig. Einmal habe ich auf einen bösen Angriff eines Anrufers in einer Fernseh-Talkshow mit dem Ausruf »Jetzt bin ich sprachlos!« reagiert. Daraufhin bekam ich viele Sympathiemeldungen von Zuschauern. Nach meinem Dafürhalten ist ein Mangel an Schlagfertigkeit nicht unbedingt eine Schwäche. Viele vermeintliche »Schwächen« eines Redners werden vom Publikum gar nicht als solche empfunden. Dasselbe trifft im Übrigen auch im umgekehrten Fall zu: Oft meint ein Redner, eine bestimmte Äußerung oder Gestik oder ein bestimmtes Verhalten sei eine Stärke – aber die Zuhörer bleiben unbewegt.

In jedem Fall ist es wichtig für Sie, möglichst viel über Ihre Zielgruppe zu wissen. Dann können Sie Ihre Zuhörer direkt ansprechen mit Aussagen, die sie persönlich betreffen, zum Beispiel: »Wie ich erfahren habe, sind Sie in letzter Zeit gerade mit dem Fall X beschäftigt, der Sie sicher stark berührt. Das verstehe ich sehr gut.« Solche Äußerungen stellen sofort eine Verbindung zwischen dem Redner und seinem Publikum her und es entsteht der Eindruck, dass die Rede speziell für diese Zuhörer und diesen Anlass vorbereitet wurde. Das erhöht die Wirkung des Vortrags ganz erheblich.

Was weiß ich über meine Zuhörer?
- **Was für Menschen sind es – Junge, Künstler, Sportler, Intellektuelle, Arbeiter?**
- **Welche Sprache ist angemessen: anspruchsvoll, gediegen und gepflegt oder eher einfach, gar mit einem Schuss Primitivität?**
- **Was interessiert diese Zuhörer mehr, was weniger?**
- **Gibt es etwas, was sie momentan besonders beschäftigt oder erfreut?**
- **Was ist für die Zuhörer wichtig?**
- **Kann ich ihnen für etwas danken? (Bitte nicht dafür, dass sie in so großer Zahl erschienen sind!)**

Ziel der Rede

Jede Rede hat ein Ziel – zumindest sollte sie eines haben. Wenn sich das Publikum laufend fragt: »Was will der Redner eigentlich?«, ist die Aufmerksamkeit schnell dahin. Oft ist es noch schlimmer: Die Zuhörer ärgern sich, dass sie überhaupt zu diesem Vortrag gekommen sind. Sobald sie das Gefühl haben, ihre Zeit zu vergeuden, beschuldigen sie den Redner. Er trägt die Schuld daran, dass man hier im Saal sitzt und zum Schweigen und Zuhören verdammt ist, während man doch besser dies und das hätte erledigen können. Kostbare und teure Zeit geht verloren.

Wenn ich in meinen Coachings meine Klienten frage, was sie mit der bevorstehenden Rede oder Präsentation erreichen wollen, höre ich meist in etwa Folgendes:

- »Ich möchte meinen Mitarbeitern die neue IT-Lösung näher bringen.«
- »Ich will meine Mitarbeiter über den Umzug ins neue Fabrikgebäude informieren.«
- »Ich möchte dem potenziellen Kunden unsere Firma vorstellen.«

Das genügt mir nicht. *Näherbringen, Informieren* und *Vorstellen* sind für mich keine Ziele einer Überzeugungsrede. Da könnte man sich den ganzen Aufwand gleich ersparen und den Mitarbeitern eine E-Mail oder dem Interessenten

Unterlagen zustellen. Dann können diese die Informationen lesen, wann immer sie wollen. Oder auch nicht. Wenn sich schon alle Leute versammeln und Sie vor ihnen stehen, wollen Sie doch viel weiter gehen. Sie wollen etwas verändern, Ihre Zuhörer von etwas überzeugen. Ich würde die vorher geschilderten Ziele wie folgt formulieren:

- »Ich möchte meine Mitarbeiter für die neue IT-Lösung *begeistern* und sie *auffordern,* all ihre Unterstützung zu geben, damit die Umstellung möglichst reibungslos abläuft.«
- »Ich möchte die Mitarbeiter *beruhigen.* Zwar ist der Umzug ins neue Fabrikgebäude mit einer persönlichen Umstellung verbunden, die Einzelnen vielleicht anfänglich etwas wehtut, aber sie sollen *einsehen* und *verstehen,* dass diese Veränderung für unser Unternehmen von entscheidender Bedeutung ist.«
- Ich will den potenziellen Kunden *für uns gewinnen* und davon *überzeugen,* dass wir für ihn der ideale Partner sind.«

Das sind bessere Ziele für eine Überzeugungsrede. Die erstgenannten Formulierungen sind eher für eine Lektion, eine Vorlesung oder für einen langweiligen Informationsvortrag geeignet. Die Frage ist: Was passiert nach so einer Veranstaltung? Sie sollten sich, noch bevor Sie an die Vorbereitung Ihres Vortrags gehen, klar machen, was Sie damit überhaupt bezwecken.

Nebst »offiziellen« Zielen gibt es für mich noch

»interne« oder »persönliche«. Wenn zum Beispiel ein neuer Chef seine erste Rede vor seinen Mitarbeitern hält, sollte er sich zum Ziel setzen, dass hinterher alle sagen: »Das ist der beste Chef, den wir haben können!« Die Wirkung des Redners an sich ist ebenso wichtig wie seine Thesen und Argumente, denn: Ein guter Redner hat nach Meinung der Zuhörer immer auch die besseren Argumente. Das ist nun mal so. Und ein schwacher Redner kann noch so gute Argumente vorbringen, man glaubt ihm nicht. Im Kontext der Überzeugungsrede braucht es beides: eine starke Rednerpersönlichkeit und überzeugende Argumente.

Was will ich mit meiner Rede erreichen?
- **Was ist mein Hauptziel?**
- **Was will ich bewegen, verändern?**
- **Was sollen die Zuhörer nach meinem Vortrag anders machen?**
- **Welche unmittelbaren Sofortwirkungen will ich auslösen?**

Hauptbotschaft und Schlusssatz

Der dritte zentrale Punkt – neben der Wirkung des Redners als Persönlichkeit und einem klaren Ziel – ist die Hauptbotschaft. »Wir wollen die Besten sein!« oder »Nicht das zweitbeste, sondern nur das beste Resultat ist uns gut genug! Was bisher war, ist nicht mehr aktuell!« sind klare Hauptbotschaften. »Wir müssen umdenken!« ist die Folge davon. »Das bedeutet für uns ...« sind die Konsequenzen.

So ergibt sich fast automatisch eine Struktur, der man als Zuhörer leicht folgen kann. Die Hauptbotschaft muss von Anfang an klar sein, sie muss während des ganzen Vortrags immer wieder aufleuchten und die Zuhörer bis an den Schluss führen. So kann der Inhalt dazu beitragen, dass niemand einschläft. Wenn trotzdem jemand einmal für ein paar Sekunden abschaltet – was leider immer wieder vorkommt –, findet er sofort den roten Faden wieder, weiß sogleich, wo der Redner jetzt steht.

Die Hauptbotschaft muss sich im Schlusssatz wiederholen. Der Schlusssatz ist der wichtigste Satz der ganzen Rede. Er muss unbedingt noch einmal ganz klar ausdrücken, was der Redner bewirken und erreichen will, was er vom Zuhörer erwartet, wozu man zu diesem Vortrag eingeladen wurde. Eine Rede ohne Schlusssatz ist wie eine Suppe ohne Salz.

Gute Schlusssätze sind ein Appell:

- »Hiermit ersuche ich Sie, meine Damen und Herren, geben Sie uns grünes Licht für dieses Projekt!«
- »Sie haben in meinen Ausführungen ganz klar mein Anliegen gehört. Ich bitte Sie, das jetzt auch zu erfüllen! Ich bin mir sicher, dass Sie verstanden haben, worum es mir geht, und fordere Sie deshalb auf: Tun Sie den ersten Schritt!«
- »Die Gründe, die ich dargelegt habe, sprechen für sich, es ist deshalb unabdingbar, dass wir alle diesen Weg gehen!«

Auch ein persönliches Bekenntnis eignet sich für einen Schlusssatz:

- »Aus diesen Gründen bin ich vollkommen davon überzeugt, dass dies der richtige Weg für uns ist!«
- »Es ist deshalb meine volle Überzeugung, dass wir zusammen dieses Ziel erreichen können.«
- »Ich erachte es somit für absolut erforderlich, dass wir für diese Maßnahme bereit sind!«

Es gibt sicher Ausnahmen, wo Sie weder einen Appell noch ein persönliches Bekenntnis für den Schlusssatz wählen können, beispielsweise bei einer Festrede oder einer feierlichen Verabschiedung. Da kommt mir eine solche Ausnahme in den Sinn: Der Chef eines großen Unternehmens sollte auf einer Betriebsversammlung den langjährigen Betriebsratsvorsitzenden verabschieden, der in den Ruhestand ging. Dieser war jedoch so schwer krank, dass er zu der Versammlung nicht erscheinen konnte. Alle wussten, dass er im Krankenhaus lag und wahrscheinlich nicht mehr lange zu leben hatte. Wie sollte der Chef seine Rede beenden? Ich empfahl ihm den folgenden Schluss: »Es fehlen mir die Worte, diese Rede zu beenden. Wenn Sie, meine Damen und Herren, auch so bewegt sind, bitte ich Sie, sich zu erheben und mit einem Applaus Ihr Mitgefühl gegenüber Herrn X zu bekunden.« Da erhoben sich über zweitausend Firmenangehörige von ihren Sitzen und hörten nicht auf zu applaudieren. Das machte einen so starken Eindruck, dass man noch Jahre danach von dieser Verabschiedung sprach.

Ich empfehle Ihnen, als Erstes den Schlusssatz zu formulieren und aufzuschreiben, noch bevor Sie an die eigentliche Vorbereitung Ihres Vortrags gehen. So wird Ihre Rede viel zielgerichteter. Dieser Satz ist zu wichtig, um ihn zu improvisieren. Auch wenn Sie frei reden und sich ansonsten nur Stichworte notieren, empfehle ich, den Schlusssatz Wort für Wort auf die letzte Seite des Manuskriptes zu schreiben. Wenn Sie zum Ende der Rede kommen, können Sie kurz auf dieses Blatt schauen, den Schlusssatz memorieren und ihn dann klar und prägnant aussprechen.

Was ist meine Hauptbotschaft, mein Schlusssatz?
- Ich schreibe den ausformulierten Schlusssatz auf ein separates Manuskriptblatt.
- Ich wähle einen Appell oder ein persönliches Bekenntnis.
- Wenn ich an den Schluss meiner Rede gelange, orientiere ich mich an diesem letzten Blatt oder Zettel und spreche den Schlusssatz wörtlich unverändert mit starker Betonung aus.
- Nach dem Schlusssatz sage ich nur noch »Dankeschön«.
- Ich genieße meinen Applaus und halte Blickkontakt mit den Zuhörern, solange sie applaudieren (damit kann ich den Beifall verlängern).

Die individuelle Note

Sie haben also das Ziel Ihrer Rede klar definiert und den Schlusssatz bereits ausformuliert, bevor Sie mit der eigentlichen Vorbereitung Ihrer Rede beginnen. Damit haben Sie von Anfang an den wichtigen roten Faden und die Zielrichtung.

Während Sie über Ihre Zielgruppe nachgedacht haben, sind Ihnen vielleicht bereits einige gute Aussagen, Beispiele, Gags oder Highlights eingefallen, die Sie in Ihre Rede einbringen können. Solche Einfälle sollten Sie sich unbedingt notieren, damit Sie nicht verloren gehen.

Apropos notieren: Jeder hat da seine eigene Methode und dabei soll er auch bleiben. Einige nehmen kleine Zettel. Andere sind Fans der Mindmap-Methode nach Tony Buzan: ein skizzierter Baum, auf dessen Ästen die Ideen »sitzen«. Früher benutzten manche ein Taschendiktiergerät, heute vielleicht eher einen Taschencomputer. Wie auch immer: Wichtig ist, dass Sie Ihre Geistesblitze überhaupt irgendwo festhalten.

> **Im Zustand der tiefen Entspannung ist der Mensch äußerst kreativ.**
> **Die Tür zum Unbewussten wird geöffnet und es kommen gute Gedanken.**

Sie befinden sich immer noch in der Phase der latenten mentalen Vorbereitung. In stillen Momenten, wenn Sie Ihren Gedanken nachhängen, kommen meist noch weitere gute Einfälle, wie Sie Ihre Rede zusätzlich »würzen« und somit noch attraktiver gestalten können. Vielleicht fällt Ihnen ein geeignetes Zitat oder eine lustige Geschichte ein, die Sie erzählen können. Denken Sie daran: Die Zuhörer sind neugierig, sie wollen wissen, wie Sie denken, wie Sie fühlen und ein Stück weit auch, wie Sie leben. Befriedigen Sie diese Neugierde, indem Sie etwas von sich preisgeben, ein bestimmtes Erlebnis, das zu Ihrem Thema passt und Sie beeindruckt hat. Oder etwas, das Sie irgendwo gelesen haben und Sie nachdenklich gestimmt hat.

Schöpfen Sie aus der Tiefe heraus. Hören Sie auf Ihre innere Stimme und darauf, was sie Ihnen zuflüstert. Diese Einfälle sind oft Höhepunkte Ihrer Rede, die von den Zuhörern nie mehr vergessen werden. Zudem verleihen Sie Ihrer Rede eine persönliche Note, wenn sie Gedanken enthält, die aus Ihrem Inneren heraus entsprungen sind. Ich lasse diesen Prozess der mentalen Vorbereitung selbst dann noch weiterlaufen, wenn ich eine Rede bereits fertig habe. Oft fallen mir, kurz bevor ich auftrete, noch ganz tolle Dinge ein. Selbst wenn Ihr Thema eher technisch, rational und nüchtern ist, können Sie Ihren Vortrag mit eigenen Ansichten, Erlebnissen und Beobachtungen beleben. Sie wollen ja einen bleibenden Eindruck hinterlassen. Es sind solche persönliche Aussagen, die Ihren Vortrag zu einem Leckerbissen machen.

Auf einer Pressekonferenz, auf der eigentlich nur Zahlen (Finanzergebnisse, Vergleiche, Aussichten usw.) eine Rolle spielen, erzählte einer der Redner am Schluss seiner Präsentation: »In dem Land, in dem ich aufgewachsen bin, kam um diese Zeit immer der Nikolaus zu uns Kindern. Er hatte zwei Bücher bei sich, ein schwarzes und ein goldenes. Zuerst las er uns aus dem schwarzen Buch unsere Sünden vor, die wir im vergangenen Jahr begangen hatten. Dann las er uns aus dem goldenen Buch unsere guten Taten vor und daraufhin gab es entsprechend viel Weihnachtsgebäck und Nüsse. Ich hoffe, meine Damen und Herren, dass Sie im nächsten Jahr, wenn wir uns wieder zur Konferenz treffen, Ihr goldenes Buch mitbringen und uns daraus viele gute Taten vorlesen können, die wir inzwischen begangen haben!« Mit diesem originellen Abschluss hatte der Redner auf der eher nüchternen Konferenz alle Spannungen gelöst und eine lockere Stimmung geschaffen, was sich positiv auf die anschließende Fragerunde und die Diskussion auswirkte. Es kamen keine »bösen« Fragen. Zudem hatte sich der Redner gegenüber den anderen Vortragenden vorteilhaft abgehoben und niemand wird diese sympathische Einlage so schnell vergessen haben.

Haben Sie den Mut, zusätzlich zu den unabänderlichen Tatsachen und Zahlen, die Sie präsentieren müssen, persönliche Aussagen zu machen! Sie werden sich damit gewaltig profilieren.

Ich stelle mir persönliche Fragen zum Thema:
- **Was bedeutet mir das Thema, über das ich rede, ganz persönlich?**
- **Was fasziniert mich daran am meisten, was liegt mir besonders am Herzen?**
- **Was beschäftigt, stört oder ärgert mich an diesem Thema?**
- **Was ist mir daran am wichtigsten?**
- **Gibt es ein persönliches Erlebnis, das zum Inhalt der Rede passt und das ich schildern kann? (Kann ich eine Geschichte erzählen?)**

Beschaffung der Bausteine

Erst jetzt, nachdem Sie all die vorher erwähnten Schritte getan haben, beginnen Sie mit der eigentlichen Vorbereitung. Das Fundament ist gelegt, nun brauchen Sie Bausteine, um das Haus Ihrer Rede zu bauen.

Vielleicht haben Sie Mitarbeiter, die Ihnen diese Arbeit abnehmen und die notwendigen Ergebnisse, Zahlen, Argumente und Begründungen beschaffen und in eine logische Reihenfolge bringen. Oft werden **PowerPoint-Präsentationen** von ganzen Teams vorbereitet, die tage- und manchmal sogar nächtelang daran arbeiten. Was dabei herauskommt, ist detailliert und meist schlüssig, aber sehr umfangreich, mit viel Text, Zahlen, Bildern, Diagrammen, Kurven und anderen Darstellungen. Wenn Sie eine solche allzu ausführliche Präsentation unverändert vortragen, alle PowerPoint-Slides zeigen, erklären und kommentieren, können Sie lediglich dozieren, aber niemanden überzeugen. Müssen Sie denn das alles wirklich zeigen? Können Sie nicht einige Folien einfach weglassen? Wenn Sie weniger PowerPoint-Slides zeigen, müssen Sie weniger erklären und gewinnen längere Strecken der freien Rede, in denen Sie Ihr Publikum begeistern können (siehe auch das Kapitel »Was soll visualisiert werden?«, Seite 45).

Die **Thesen,** die Sie in Ihrem Vortrag darlegen, müssen einer kritischen Prüfung durch Ihre Zuhörer standhalten. Jede These muss **begründet** werden.

Sie brauchen auf alle Fälle schlüssige, beweiskräftige und möglichst partnerorientierte **Argumente**. Gegebenenfalls können Sie sie immer noch so **kommentieren,** dass sie in Ihrem Sinne von den Zuhörern verstanden werden. Aber: Das Haus Ihrer Rede muss aus soliden, tragfähigen Bausteinen gebaut sein.

Ihre eigentliche Überzeugungsarbeit liegt im **Begründen** und **Kommentieren** Ihrer **Thesen**. Das können Sie eindrücklich und nachhaltig mit einem **Beispiel**. Es sollte aber möglichst aus dem Hier und Jetzt stammen und selbst erlebt sein.

Beispiele, die lange zurückliegen, sind unglaubwürdig und lassen Sie antiquiert erscheinen: »Nach dem Zweiten Weltkrieg ...«, da denkt jeder: »Oh, der ist ja schon halb gestorben!« Besser ist: »Gerade letzte Woche ist mir Folgendes passiert ...!« Oder: »Heute, beim Herkommen, habe ich Folgendes erlebt ...!«

Variieren Sie Ihre Beispiele und lassen Sie sich immer wieder neue einfallen. Ich kenne einen Geschäftsführer, der auf internen Tagungen seit Jahren dasselbe Beispiel bringt. Damit macht er sich bei seinen Mitarbeitern lächerlich.

Beispiele sind phantastische Mittel, die Zuhörer zu fesseln. Ich arbeite sehr viel mit Beispielen aus meinem eigenen, persönlichen Erlebnisbereich, und es fällt mir immer wieder auf, wie stark dies bei den Zuhörern ankommt. Sie erinnern sich teilweise noch nach Jahren an einzelne Beispiele, die ich selbst seither wieder vergessen habe.

Beispiele verallgemeinern. Das ist vielleicht ein kleiner Nachteil. Aber der Vorteil überwiegt bei weitem. Sogar Wissenschaftler verwenden sie inzwischen mehr und mehr, weil sie deren Beweiskraft erkannt haben: Jede These kann leicht durch eine Antithese infrage gestellt werden, ein selbst erlebtes Beispiel ist jedoch kaum zu widerlegen.

Beleuchten Sie immer auch die **Gegenseite**. Bringen Sie nicht nur »Pros«, sondern auch »Cons« vor, also Gründe, die eher gegen Ihre Zielsetzung sprechen. Warum? Ist das nicht kontraproduktiv? Ich meine natürlich nicht, dass Sie schwer wiegende Einwände aufführen und sich damit Eigentore schießen sollen. Aber gewisse Schwierigkeiten, die auftauchen können, wenn man den Weg geht, den Sie vorschlagen, sollten Sie erwähnen, denn die Zuhörer würden sicherlich auch von selbst darauf kommen. Wenn »alles so gut tönt«, denken die Zuhörer spätestens beim Nachhausefahren: »Wo liegt der Haken?« Wenn Sie selbst jedoch ein paar Gründe aufführen, die eher dagegen sprechen, denken sie: »Der hat an alles gedacht!«

Hier einige Beispiele:
- »Diese Umstellung bedeutet allerdings, dass Sie sich sehr stark einsetzen müssen.«
- »Die Kosten für die neue Maschine werden hoch sein.«
- »Wir werden hart daran arbeiten müssen.«
- »Es wird mindestens zwei Jahre dauern, bis wir so weit sind.«
- »Das Ganze wird kein Zuckerschlecken werden.«

Setzen Sie anschließend immer die Vorteile dagegen, damit das Positive im Raum stehen bleibt:

- »Es wird sich aber sicher lohnen.«
- »Das ist jedoch unsere einzige Chance.«
- »Damit werden wir uns künftig sehr stark profilieren können.«
- »Dafür sichert es unsere Zukunft.«

> - Wie komme ich zu den Bausteinen für meine Rede (wer hilft mir dabei)?
> - Was sind meine wichtigsten Thesen?
> - Wie begründe ich sie?
> - Was sind die wichtigsten Argumente?

Strukturieren der Rede

Es ist eigentlich ganz einfach: Eine gute Rede braucht einen Anfang, einen Hauptteil und einen Schluss. Nein, so einfach ist es nun doch wieder nicht! Aber allzu schwierig wird die Strukturierung nicht sein, denn wahrscheinlich sind Sie schon bei der Beschaffung Ihrer Bausteine *in einer bestimmten Reihenfolge* vorgegangen. Diese Reihenfolge spiegelt meistens bereits die richtige Struktur für Ihre Rede.

Um dem Ganzen eine logische und gut erkennbare Architektur zu verschaffen, empfehle ich die Struktur, die von den alten Griechen für die Überzeugungsrede geschaffen wurde:

Einleitung
Sie kann mit mehreren rhetorischen Fragen erfolgen, zum Beispiel:
»Warum sind wir hier zusammengekommen?«
»Was ist das Ziel der heutigen Veranstaltung?«

»Wie wichtig ist unsere heutige Zusammenkunft?«
»Wie stellt sich die heutige Situation dar?«
»Welche Maßnahmen wollen wir treffen?«
»Welche Ziele wollen wir erreichen?«

Schilderung des Sachverhalts
»So sieht die heutige Situation aus …«
»Das sind die unabänderlichen Tatsachen …«
»Die jetzigen Probleme sind folgende …«

These(n) als persönliche Meinung formuliert
»So sehe ich es …«
»Das ist meine Meinung …«
»Folgendes ist zu tun …«

Begründung der These(n)
Argumente (partnerorientiert, schlüssig, beweiskräftig, überzeugend)
Beispiele (selbst erlebt, aus dem Hier und Jetzt)

Zusammenfassung
Wiederholen der wichtigsten Thesen und Argumente, aber in kurzen Sätzen.
»Lassen Sie mich zusammenfassen …«
»Ich fasse zusammen …«

Schlusssatz
Appell: »Aus diesen Gründen fordere ich Sie auf …«
Persönliches Bekenntnis: »Deshalb bin ich vollkommen überzeugt, dass …«

Rhetorische Fragen

Die rhetorische Frage ist eine Frage, auf die keine Antwort erwartet wird. Sie ist ein hervorragendes Arbeitsmittel in der Überzeugungsrede (nicht im Streitgespräch, denn sie würde dem Gegner das Wort zuspielen!). Mit rhetorischen Fragen können Sie ankündigen, was nachher folgt. Sie eignet sich auch vorzüglich für die Strukturierung einer Rede. Sie können zum Beispiel mit drei aufeinander folgenden rhetorischen Fragen beginnen:

»Wie sieht unsere Situation heute aus? Welche Maßnahmen drängen sich deshalb auf? Wie werden wir diese Maßnahmen umsetzen?«

Eine solche Einleitung erzeugt Interesse. Alle sind nun gespannt. Die meisten Redner kündigen den Inhalt ihrer Rede hingegen konventionell an, etwa so:

»Lassen Sie mich die Situation von heute schildern. Ich werde auch über die nötigen Maßnahmen sprechen, die zu treffen sind. Ebenfalls werde ich behandeln, wie wir vorgehen müssen, um diese Maßnahmen umzusetzen. Leider reicht die Zeit nicht aus, um noch mehr ins Detail zu gehen.«

Bei solch ausführlichen Ankündigungen denkt man oft: »Um Gottes willen, was kommt da alles auf mich zu?«

Zum besseren Erkennen der Struktur einer Rede empfehle ich, jeden weiteren Abschnitt ebenfalls mit einer rhetorischen Frage einzuleiten, zum Beispiel so:

Rhetorische Frage: »*Wie* sieht dieses Nächste aus?«
These: »*So* sieht dieses Nächste aus ...«
Begründung: »Dieses Nächste sieht so aus, *weil* ...«

Rhetorische Fragen sind ein gutes Mittel, dem Zuhörer mitzuteilen, wo Sie sich in Ihrer Rede jeweils gerade befinden. Die Zuhörer haben ein ausgesprochenes Bedürfnis nach Struktur und wollen laufend wissen, worüber Sie gerade jetzt reden, an welcher Stelle Sie stehen. Wenn sie das nicht genau erkennen können, fühlen sie sich bald verloren und können sogar aggressiv werden. Ich habe selbst erlebt, wie Redner thematisch »Haken geschlagen« und über ganz andere Dinge geredet haben als das, was etwa gerade auf dem PowerPoint-Slide zu sehen war. Dabei habe ich gespürt, wie in mir negative Gefühle hochkamen und sich immer mehr steigerten.

Achtung: Schauen Sie bei einer rhetorischen Frage keinen Zuhörer längere Zeit an, er käme sonst in Verlegenheit: Soll er nun die Frage beantworten oder nicht? Schauen Sie bewusst über die Köpfe des Publikums hinweg. Das ist eine der ganz wenigen Ausnahmen von der Blickkontaktregel (siehe Kapitel »Blickkontakt mit den Zuhörern«, Seite 123).

Die Zusammenfassung

Kurz vor dem Schluss einer Rede bietet sich eine Zusammenfassung an. Machen Sie eine lange Kunstpause und sagen Sie mit starker Betonung:

- »Ich fasse zusammen«, oder:
- »Lassen Sie mich zusammenfassen.«

Alle frohlocken, wenn sie das hören: »Jetzt kann es nicht mehr lange dauern!« Es darf dann auch nicht mehr lange dauern! Im Ernst, so eine Zusammenfassung ist eine gute Sache. Warum?

- Die Zuhörer konzentrieren sich noch einmal, weil sie wissen, dass der Vortrag bald zu Ende ist.
- Sie, der Redner, können die wichtigsten Thesen und Argumente wiederholen und damit die Wirkung Ihrer Rede beträchtlich verstärken.
- Die Zusammenfassung ist der zweitletzte Höhepunkt Ihrer Rede und bildet die ideale Überleitung zum letzten Höhepunkt, dem Schlusssatz.

Hier ein Beispiel einer Zusammenfassung mit Schlusssatz:
»Lassen Sie mich zusammenfassen: Wir sind dazu gezwungen, in das neue Fabrikgebäude umzuziehen. Davon hängt unsere Existenz als Produktionsstandort ab, denn nur so können wir kostengünstig produzieren. Die Konsequenzen

dieser Umstellung sind für einige Mitarbeiter zwar unangenehm, aber nicht gravierend. Aus diesen Gründen fordere ich Sie auf, Ihre ganze Kraft für einen möglichst reibungslosen Umzug einzusetzen, damit wir möglichst rasch wieder voll produzieren können. Ich zähle auf Sie! Danke schön.«

Das Manuskript

Es gibt wenige Redner, die ganz ohne Manuskript auskommen. Ich kenne nur zwei. Sie reden beide absolut brillant und ich staune immer wieder, wie sie alles im Kopf haben und – ohne jegliche Notizen – frei vortragen können. Sie rufen damit bei ihren Zuhörern große Bewunderung und Respekt hervor. Sie fühlen sich beim Reden frei und unbeschwert und das drückt sich in ihrer lebendigen und eindrücklichen Vortragsweise aus.

Nur: Wenn man ganz genau aufpasst, stellt man fest, dass Redner ohne Manuskript in der Abfolge ihrer Argumentation manchmal keine saubere, klare Linie einhalten. Sie folgen auch nicht immer einer erkennbaren Struktur. Es ist einmal passiert, dass ein Redner auf einer internen Tagung den Namen eines anwesenden leitenden Mitarbeiters falsch wiedergab, was peinlich wirkte.

Ich bevorzuge ein Manuskript aus Stichworten, die mir die »Autobahn« aufzeigen: wo es hingeht, was die verschiedenen Etappen sind, die zum Ziel führen. Nur die wichtigsten Merksätze, Zitate und Zahlen schreibe ich genau auf, damit ich sie nicht auswendig lernen muss. Die Gewissheit, mich jederzeit an meinen Stichpunkten orientieren zu können, wann immer ich das will, gibt mir Sicherheit und führt dazu, dass ich nur selten oder überhaupt nicht hinschauen muss.

Beim Format können Sie wählen zwischen Zetteln oder Karten (DIN A6 oder A5) und großen Blättern (DIN A4). Das kleine Format hat den Vorteil, dass Sie Ihr Manuskript in einer Hand halten und trotzdem noch mit beiden Händen gestikulieren können. Größere Blätter müssen Sie auf den Tisch oder das Pult legen, denn in der Hand gehalten wirken sie störend. Das bedeutet, dass Sie groß genug schreiben müssen, um Ihre Notizen aus der größeren Entfernung noch gut lesen zu können.

Ein Rat: Nummerieren Sie die Manuskriptseiten, denn Sie haben ja nur Stichwörter notiert, und wenn Ihnen die Blätter oder Karten mal irrtümlich durcheinander geraten, was dann?

Nur Stichwörter? Ja, sicher! Ausformulierte Sätze sind fatal. Sie verleiten nämlich unweigerlich dazu, dass man sie alle abliest. Von freier Rede ist dann keine Rede mehr!

> **Eine abgelesene Rede ist keine Rede, sondern eine Lese.**

Ablesen heißt, Sie können mit den Zuhörern keinen Kontakt aufnehmen und machen da vorn etwas ganz für sich allein. Wenn Sie ablesen, lässt die Aufmerksamkeit der Zuhörer in kurzer Zeit nach. Niemand will Ihnen so für längere Zeit zuhören. Ablesen wirkt fade und langweilig. Zudem gewinnen die Zuhörer den Eindruck, dass Sie einen Standardvortrag halten. Essen Sie gern Vorgekautes? Im Ernst, es ist eine absolute Bedingung, nur mit Stichwörtern zu arbeiten. Dann sind Sie nämlich gezwungen, frei zu formulieren, und das wirkt wesentlich stärker.

> **Nie ist der Redner so stark und kräftig in seiner Ausdrucksweise wie in der freien Rede.**

Ich beweise das in meinen Coachings gern anhand von Videoaufnahmen. Der Redner wirkt schwach, unfrei und gehemmt, wenn er abliest. Spricht er frei, wirkt er sofort lebendig, stark und eindrücklich. Ich habe schon mal mitten in einer Übung dem Redner das Manuskript einfach weggenommen. Zuerst ist er erschrocken, hat dann aber weitergeredet und war um Lichtjahre besser!

Also: Sie reden in Zukunft nur noch frei. Wenn Sie PowerPoint-Folien zeigen, haben Sie ja dort genügend Angaben, um frei zu formulieren und zu kommentieren. Dann brauchen Sie nicht einmal ein Stichwort-Manuskript.

Ich erstelle mir ein Manuskript
- Ich bringe meine Notizen in eine logische Reihenfolge.
- Ich schreibe nur Stichwörter auf, keine ausformulierten Sätze (Ausnahmen: wichtige Merksätze, Zitate, schwierige Angaben und Schlusssatz).
- Ich mache eine Zusammenfassung.
- Den Schlusssatz habe ich ja bereits, den schreibe ich als eine der wenigen Ausnahmen ausformuliert hin.
- Nachdem ich das Manuskript erstellt habe, gehe ich es nochmals ganz durch und bringe rhetorische Fragen an. Eventuell stelle ich zwei bis drei rhetorische Fragen als Einleitung. Neue Abschnitte beginne ich jeweils mit einer rhetorischen Frage.

Das Streamlining

Waren Sie schon einmal einem Redner ausgeliefert, der seine Zeit längst überzogen hatte und überhaupt nicht aufhören zu wollen schien? Was hatten Sie dabei für Gefühle? Ich erlebte bei einer öffentlichen Veranstaltung, zu der auch prominente Leute aus Politik und Wirtschaft eingeladen waren, einen solchen Mann. Er wirkte selbstgefällig und langatmig und man hatte den Eindruck, dass er sich sehr gern selbst reden hörte. Ständig wiegte er seinen Oberkörper vor und zurück, die Hände im »Pistolengriff« vor dem Bauch. Ein ums andere Mal zitierte er Goethe und Schiller und redete und redete. Die Zuhörer langweilten sich entsetzlich, das konnte man sehen. Nachdem er bereits fünfzehn Minuten überzogen hatte, raffte sich jemand – wahrscheinlich der Veranstalter – auf, ging nach vorn und reichte ihm einen Zettel. Der Redner nickte mit dem Kopf. Wir alle dachten, er hätte begriffen. Aber er machte keineswegs Schluss, sondern fuhr weiter, vor- und zurückzuschaukeln und Goethe und Schiller zu zitieren – bis das Publikum anfing zu applaudieren, damit er endlich aufhörte!

> **Wenn auf Mord nicht Zuchthaus stünde, wäre schon mancher Redner, der seine Redezeit überzog, erschossen worden.**

Wollen Sie riskieren, den Unmut Ihrer Zuhörer hervorzurufen, indem Sie zu lange reden? Sie wären allerdings in guter Gesellschaft, denn die meisten Redner überziehen. Nur wenige schließen pünktlich ab und ganz selten wird ein Redner früher fertig. Dabei ist es für die Zuhörer überhaupt nicht unangenehm, wenn sich ein Redner kürzer hält als vorgesehen. Im Gegenteil, alle sind froh, etwas früher nach Hause gehen zu können!

Die beste Möglichkeit, die Redezeit kurz zu halten und ein Überziehen zu vermeiden, ist eine kritische Durchsicht des fertigen Manuskripts allein mit der Absicht, es zu komprimieren. Ich nenne diesen Prozess Streamlining. Überlegen Sie, wo Sie kürzen können. Dieses Vorgehen erfordert Selbstdisziplin, hilft Ihnen jedoch ganz nebenbei, die Materie zu verinnerlichen.

Das Streamlining hat noch einen weiteren Effekt: Beim nochmaligen Durchgehen unter dem Aspekt »Was schmeiße ich raus?« fällt Ihnen sofort auf, welche Aussagen nicht »in line« sind. Mit dem Streamlining stellen Sie etwaige Unzulänglichkeiten in der Abfolge Ihrer Äußerungen und der Struktur Ihres Vortrags fest und können nachbessern. In meinen Kommunikationsseminaren beurteilen wir jeweils Acht-Minuten-Reden, die von den Teilnehmern erarbeitet wurden. Wenn wir bei einer Rede keine richtige Strukturierung erkennen konnten und uns beim Zuhören etwas verloren vorkamen, was die Abfolge der Aussagen anbelangt, frage ich: »Haben Sie das Streamlining gemacht?« Fast immer kommt dann: »Nein, hab ich vergessen!«

Sie können das Streamlining auch mehrmals durchführen. Es schadet nicht, ein paar Tage zu warten, bevor Sie es zum zweiten oder dritten Mal machen. So entdecken Sie vielleicht noch weitere Schwächen oder Fehler. Gleichzeitig wird Ihnen der Inhalt immer präsenter, was sich sehr vorteilhaft auf Ihre Vortragsweise auswirkt.

> Ich gehe mein Manuskript noch einmal durch und frage mich:
> - Wo bin ich zu ausführlich?
> - Wo wiederhole ich mich?
> - Welche Aussagen verwirren die Zuhörer?
> - Welche Aussagen lenken von meiner Hauptbotschaft ab und führen nicht zum Ziel meiner Rede?
> - Sind Abfolge und Struktur logisch?

Was soll visualisiert werden?

Für Präsentationen sind visuelle Hilfsmittel eine Notwendigkeit, da Zahlen, Kurven und andere Darstellungen im gesprochenen Wort schlecht ausgedrückt werden können. Die Overheadprojektoren wurden dabei inzwischen weitgehend durch PowerPoint abgelöst. Damit können wunderschöne, farbige Darstellungen erstellt werden, die das Auge erfreuen.

Leider hat diese moderne und an sich attraktive Form der Visualisierung derart überhand genommen, dass sich Vorträge meistens auf ein Kommentieren der gezeigten PowerPoint-Slides oder -Schaubilder beschränken. So ist das ein reines Aufzeigen, Informieren und Erklären von gegebenen Tatsachen, aber keine Überzeugungsrede mehr. Mit Schaubildern allein können Sie kaum überzeugen, dafür brauchen Sie längere Strecken der freien Rede.

Trotz alledem bin ich der Meinung, dass man nur selten auf die Visualisierung mit PowerPoint verzichten kann. Es drängt sich jedoch ein Kompromiss auf. Kombinieren Sie einzelne Strecken der freien Rede mit dem Zeigen einer Reihe von Folien, denn wenn Sie während des gesamten Vortrags eine Folie nach der anderen zeigen, können Sie sich niemals rhetorisch steigern und keine Spannung erzielen (Abbildung 1):

-/-/-/-/-/-/-/-/-/-/-/-/-/-/-

Abbildung 1
– = gesprochenes Wort /= gezeigte Folie

Machen Sie es so: Beginnen Sie mit einer Strecke der freien Rede, die mehrere Minuten dauert. So können Sie Kontakt mit den Zuhörern aufnehmen, eine gute Atmosphäre schaffen und Spannung erzielen. Dann zeigen Sie einige Folien hintereinander und sprechen dazu Ihre Kommentare. Achten Sie aber darauf, dass Ihre Kommentare lebendig sind und Sie dabei weiterhin Kontakt zu den Zuhörern halten, denn monotones Kommentieren ist einschläfernd! Danach sprechen Sie wieder einige Minuten lang frei und erhöhen die Spannung. Anschließend folgen wiederum erneut mehrere Folien, die Sie kommentieren. Wiederholen Sie diesen Zyklus mehrmals. Gegen Ende Ihrer Präsentation sollten Sie lange genug frei reden, um sich zum Schluss hin noch einmal steigern zu können (Abbildung 2).

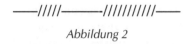

Abbildung 2

Bereiten Sie zunächst die PowerPoint-Präsentation vor. Diese können Sie vielleicht – so, wie sie ist – Ihren Zuhörern als Dokumentation in die Hand geben. Jetzt gehen Sie diese Präsentation nochmals durch und entscheiden, welche Folien Sie in Ihrem Vortrag verwenden und welche nicht. Zeigen Sie ausschließlich die Eckpunkte (Bullet Points), das genügt vollkommen. In meinen Coachings reduzieren wir die Anzahl der zu zeigenden Folien meistens ganz erheblich, damit größere Strecken der freien Rede entstehen, zum Beispiel von vierzig, welche die Zuhörer als Unterlagen erhalten werden, auf nur fünf, die während des Vortrags tatsächlich gezeigt werden. Fast immer besteht die Tendenz, zu viel zeigen zu wollen. Bedenken Sie: Jede Folie, die Sie weglassen, gibt Ihnen mehr Gelegenheit, frei zu reden und die Zuhörer zu begeistern!

Ich gehe die PowerPoint-Präsentation kritisch durch
- Ich streiche alle unnötigen Slides und Schaubilder.
- Ich überlege mir, was nicht unbedingt während des Vortrags gezeigt werden muss, jedoch als Hand-out für die Zuhörer geeignet ist.
- Ich beschränke die Folien auf einige wenige Sequenzen, um Zeit zum freien Reden zu gewinnen, mindestens am Anfang und am Schluss.

Gags

Ein mit mir befreundeter Jesuitenpater ist bekannt dafür, dass er bei seinen Vorträgen originelle Gags bringt. Kürzlich hat er in einer Rede eine Gabel gezeigt, die man auf etwa einen Meter verlängern kann, um dem Tischnachbarn sein Essen zu stehlen, ohne dass er es merkt. Mit einer Handpuppe unterstreicht er manchmal seine Äußerungen auf lustige Art. Ein andermal hat er mir, als ich als Zuhörer in der vordersten Reihe saß, ein Paar Hosenträger mit großen Schweizerkreuzen als Geschenk von der Bühne zugeworfen, zur allgemeinen Gaudi der Zuhörer.

Ein Seminarteilnehmer stellte bei seiner Rede einmal dramatisch dar, dass er bei gewissen Kunden zuerst deren bisheriges Denken »zertrümmern« müsse, bevor sie überhaupt aufnahmefähig für eine neue Idee werden. Während er das erwähnte, nahm er einen Teller, legte ihn verkehrt herum auf einen Tisch und zerschlug ihn mit einem Hammer. Die Scherben flogen in alle Richtungen. Der Effekt war großartig.

Ich erinnere mich an eine Zeit, in der es häufig vorkam, dass sich die Zuhörer auf Anweisung des Referenten von ihrem Platz erheben mussten, um nachzusehen, ob unter dem Stuhl etwas angeklebt war. Einige Zuhörer fanden eine Fünfzig-Franken-Note. Der Redner sagte dazu: »Sehen Sie, das Geld liegt auf der Straße, Sie müssen sich nur bücken, um es aufzuheben!«

Noch eine andere Darbietung habe ich nie vergessen. Da sagte ein Redner während seines Vortrags: »Sie müssen nur wissen, wie man richtig umfällt, dann passiert Ihnen nichts!« Dabei ließ er sich nach hinten auf den Boden fallen und blieb liegen. Wir waren erschrocken und hatten Angst, dass er tot sei. Da stand er lachend wieder auf. Er hatte offensichtlich die Technik geübt, wie man sich unbeschadet fallen lassen kann.

Solche Gags bleiben zweifellos in Erinnerung. Früher baute auch ich Überraschungen in meine Vorträge ein, die beim Publikum einen großen Effekt erzielten. Inzwischen habe ich wieder damit aufgehört, denn: Ich will selbst »die Show« sein.

Gags wirken sicher oft überraschend lustig und

können Höhepunkte einer Veranstaltung sein. Entscheiden Sie von Fall zu Fall, ob Sie so etwas machen wollen. Es ist sicher eine Frage der Zielgruppe und des Themas. Um sicherzugehen, ob ein Gag wirklich so originell wirkt, wie Sie sich das vorstellen, sollten Sie eine Generalprobe im kleinen Kreis machen. So vermeiden Sie, Zuhörer zu erschrecken oder gar sich zu blamieren.

Natürlich ist es von Vorteil, wenn Sie in die meist graue und eintönige Landschaft der herkömmlichen Vorträge und Präsentationen etwas Leben und Überraschung bringen. Die Zuhörer sind Ihnen sicher dankbar dafür. Gags haben allerdings eher Einmalcharakter. Es kann ganz schön peinlich wirken, wenn derselbe Gag mehrmals gebracht wird. Aus demselben Grund ist Nachahmung nicht empfohlen. Auch hierbei riskieren Sie, dass Ihr Publikum den Gag bereits kennt. Das würde Ihrer Reputation schaden und Ihrem Bestreben entgegenwirken, eine Persönlichkeitsmarke zu werden.

Denken Sie daran: Sie sind die Show! Sie sind ein Unikat und laufen deshalb nie Gefahr, dass jemand anders genau so wirkt wie Sie!

- **Ich überlege mir von Fall zu Fall, ob und welchen Gag ich bringen könnte.**
- **Ich probiere ihn in jedem Fall in einer Generalprobe aus.**

Die Argumentation emotional verstärken

In Reden, Vorträgen und Gesprächen wird vor allem rational argumentiert. Je mehr Fakten und Zahlen man vorlege, desto eher könne man überzeugen, glaubt man. Wenn man das Gefühl hat, der Zuhörer oder der Gesprächspartner sei noch skeptisch, schiebt man weitere Argumente nach. Genau dieses Vorgehen erweist sich meistens als falsch. Viel wirkungsvoller ist es, durch das Aussprechen eigener Gefühle die Argumentation emotional zu verstärken und zu begründen. Lesen Sie die drei folgenden Beispiele einer Argumentation; im ersten Satz ist sie jeweils rein rational, im zweiten mit Gefühlen verbunden:

1. »Diese Investition wird sich lohnen. Das neue Gerät ist zuverlässig und wird Ihre Kosten senken. In zwei Jahren hat es sich amortisiert.«
2. »Ich fühle mich immer wieder bestärkt, wenn mir unsere Kunden bestätigen, dass sich die Investition gelohnt hat und das Gerät sich in zwei Jahren amortisiert hat. Ich bin absolut überzeugt, dass das auch bei Ihnen der Fall sein wird, und freue mich schon darauf, wenn Sie mir das später bestätigen.«

1. »Wir müssen zweihundert Arbeitsplätze abbauen, um unsere Kosten zu senken, sonst sind wir im internationalen Markt nicht mehr konkurrenzfähig.«

2. »Es gibt mir sehr zu denken und macht mir zu schaffen, dass wir zweihundert Arbeitsplätze abbauen müssen, aber ich fürchte, dass wir sonst im internationalen Markt nicht mehr konkurrenzfähig sind.«

1. »Die Umstellung auf das neue System ist unproblematisch, die Benutzer gewöhnen sich sehr bald an die neue Bedienung.«
2. »Wenn Sie Angst vor der Umstellung haben, kann ich Sie beruhigen. Ich bin immer wieder überrascht, wie leicht sich die Benutzer an die neue Bedienung gewöhnen.«

In der zweiten Argumentation bringen Sie sich jeweils selbst ein. Wie? Es gibt eine alte Regel, man solle in einer Rede oder in einem Überzeugungsgespräch möglichst selten »ich« sagen, dafür öfter »wir«. Diese Regel ist nach wie vor gültig. Man muss nur unterscheiden zwischen der rationalen und der emotionalen Gesprächsebene.

Auf der rationalen Ebene, bei Feststellungen von Tatsachen, ist das »wir« besser:

- »Wir haben unser Ziel erreicht.«
- »Wir haben es geschafft.«
- »Es ist uns gelungen, ein neues Produkt zu entwickeln.«
- »Unser Team bemüht sich sehr, neue Lösungen zu finden.«
- »Wir alle ziehen an einem Strang.«

Auf der emotionalen Gesprächsebene jedoch bleibt nur das »ich«:

- »Ich bin absolut überzeugt.«
- »Ich bedaure sehr.«
- »Es tut mir außerordentlich Leid.«
- »Es beschäftigt mich.«
- »Ich bin fasziniert.«
- »Ich sehe hier eine große Chance.«

Sie können ja schließlich nicht über die Gefühle anderer Menschen verfügen und zum Beispiel sagen: »Wir alle sind fasziniert!«

Wenn Sie eigene Gefühle aussprechen, kommunizieren Sie nicht nur auf der rationalen Ebene, was sehr hart wirkt, sondern außerdem auf der emotionalen Ebene. Sie entwickeln »Softpower« (siehe auch Teil II dieses Breviers). Damit können Sie sich sehr stark profilieren, denn das macht fast niemand.

Wenn Sie über etwas Unangenehmes reden müssen, haben Sie doch schlechte Gefühle, oder nicht? Und das spürt der Zuhörer. Außerdem zeigen Sie es mit Ihrer Körpersprache. Bei guten Gefühlen ist es genauso: Sie übertragen sie auf Ihr Publikum und zeigen Sie mit der Körpersprache (siehe Kapitel »Was Ihre Körpersprache verrät«, Seite 66). Dann ist es doch eigentlich ganz natürlich, dass Sie solche Gefühle auch aussprechen!

Gehen Sie Ihr Manuskript noch einmal durch und überlegen Sie, wo Sie zum Beispiel sagen können:

- »Diese Probleme machen auch mir zu schaffen.«
- »Ich bin, genauso wie Sie, sehr besorgt.«
- »Ich bin zuversichtlich, dass wir auf dem richtigen Weg sind.«
- »Es liegt mir viel daran, dass …«
- »Ich habe ein gutes Gefühl, dass …«
- »Ganz wichtig finde ich, dass …«
- »Mein Herz schlägt für …«
- »Ich bin stolz auf …«
- »Ich vertraue auf …«
- »Ich baue auf …«
- »Das ärgert mich.«
- »Das gibt mir zu denken.«
- »Das beschäftigt mich.«
- »Das belastet mich.«
- »Ich habe ein schlechtes Gefühl bei …«
- »Ich bin überwältigt.«
- »Ich bin gerührt.«
- »Ich bin traurig.«
- »Ich bin erschüttert.«
- »Ich mache mir große Sorgen.«
- »Das tut mir weh.«
- »Das beunruhigt mich.«
- »Ich fühle mich persönlich betroffen.«
- »Ich bin im Zweifel.«
- »Es verunsichert mich, dass …«
- »Ich bin entsetzt.«
- »Es beängstigt mich.«
- »Ich freue mich sehr, dass …«
- »Das freut mich außerordentlich.«
- »Ich bin vollkommen davon überzeugt, dass …«

Die Ausdrücke »Ich freue mich«, »Es freut mich« und »Ich bin überzeugt« hört man relativ oft, sie sind dementsprechend abgenützt. Deshalb habe ich sie etwas verändert.

Da es heutzutage eher unüblich ist, in Reden, Vorträgen etc. eigene Gefühle auszudrücken, sollten Sie sich an geeigneter Stelle Stichworte in Ihr Manuskript notieren.

Ich habe den Mut, meine Gefühle auszusprechen
- **Ich gehe mein Manuskript nochmals durch und frage mich, an welchen Stellen ich meine Gefühle zum Ausdruck bringen kann.**
- **Ich schreibe diese »Gefühlswörter« in mein Manuskript, damit ich sie beim Vortragen nicht vergesse.**

Die Drei-Minuten-Rede

Sich in kürzester Zeit durchzusetzen wird immer wichtiger – in der Führung, im Verkauf und in der Politik. Die Menschen haben immer weniger Zeit und sind ungeduldig. Wer sich nicht von

Anfang klar und deutlich ausdrücken kann, erweckt den Eindruck, dass er nicht weiß, was er will. Und das ist fatal.

Bei einem sehr erfolgreichen deutschen Großunternehmen im Pharmabereich, vom Gründer und Besitzer mit starker Hand geleitet, wird bei den oberen Führungskräften eine klare, prägnante Ausdrucksweise in Kurzform vorausgesetzt. In den Sitzungen, die der oberste Chef periodisch durchführt, erhält jeder Topmanager Gelegenheit, ein Anliegen vorzutragen. Dafür werden ihm aber nur drei Minuten gestattet. Der Einsatz von Hilfsmitteln aller Art steht ihm frei. Überzieht er jedoch diese äußerst kurze Redezeit auch nur wenige Sekunden, wird er vom Chef sofort gestoppt. Wenn der Kurzvortrag zu Ende ist, nickt der Chef entweder leicht mit dem Kopf oder schüttelt ihn. Das bedeutet entweder »Einverstanden!« oder »Abgelehnt!«. Es wird niemals darüber diskutiert. Dasselbe Anliegen darf nicht ein zweites Mal bei einer der nächsten Sitzungen vorgetragen werden. Dieses eher merkwürdig und autoritär anmutende Vorgehen, das sich in diesem Unternehmen jedoch als sehr effizient erwiesen hat, lehrt die Topkräfte, ihre Drei-Minuten-Reden sehr gut vorzubereiten und effektvoll vorzutragen.

In Sitzungen zeigt es sich immer wieder: Wenn in den ersten drei Minuten nicht klar ist, worum es sich handelt und was die Konsequenzen eines Vorschlags sind, kommt nicht mehr viel heraus, selbst wenn noch stundenlang argumentiert und diskutiert wird.

Wie aber können Sie das Wesentliche in lediglich drei Minuten ausdrücken und andere glaubhaft von Ihrem Anliegen überzeugen, sie für Ihre Ideen begeistern, für eine Kooperation gewinnen oder zur Mitarbeit motivieren? Gehen Sie so vor, wie Sie es im Kapitel »Strukturieren der Rede« gelesen haben. Vergegenwärtigen Sie sich die Kriterien und wählen Sie die besten Argumente aus. So haben Sie eine gute Chance, in einem Minimum an Zeit ein Maximum an Resultaten zu erzielen.

Ich bereite eine Drei-Minuten-Rede nach den folgenden Kriterien vor:
- **Schilderung des Sachverhalts**
- **Aufstellen einer These – als persönliche Meinung formuliert**
- **Begründung der These**
  - **Argumente mit Beweischarakter (handfest und glaubhaft)**
  - **Vergleiche**
  - **Beispiele (selbst erlebt, aus dem Hier und Jetzt)**
  - **vielleicht ein Zitat**
- **Schlusssatz**

Teil II
Die Wirkung der Persönlichkeit

Es ist wichtiger, wie Sie wirken, als was Sie sagen. Heißt das, Sie können ohne weiteres Blödsinn erzählen? Nein, so ist das natürlich nicht gemeint. Ich gehe davon aus, dass kein Redner, der eine verantwortungsvolle Position einnimmt und vor einem interessierten Zielpublikum – oder gar im Fernsehen – auftritt, bewusst dummes Zeug redet. Allerdings könnte man manchmal schon auf diese Idee kommen. Im Allgemeinen aber sind die Inhalte der Vorträge, Präsentationen und Reden in Ordnung. In Ordnung? Leider oft eben doch nicht! Wenn Inhalte nicht streng geordnet in einer logischen Reihenfolge vorgetragen werden und eine Struktur nicht erkennbar ist, geht oft total unter, was der Redner eigentlich sagen möchte. Was möchte er denn sagen?

> **Wer redet, muss etwas zu sagen haben,
> wer nichts zu sagen hat,
> redet besser nicht.**

Das ist offenbar nicht allen Rednern klar bewusst. Manchmal kommt es mir so vor, als würde ein Vortragender wie folgt vorgehen: »Wie soll ich wissen, was ich denke, bevor ich gehört habe, was ich sage?«

Über den Inhalt, das »Was« Ihrer Rede, habe ich im ersten Teil dieses Buches geschrieben. Im zweiten Teil geht es nun darum, dass Ihre Wirkung auf die Zuhörer so stark ist, dass diese auch den Inhalt Ihrer Rede für stark halten. *Ihre* Wirkung entscheidet, wie die Zuhörer Ihre Botschaften und Argumente empfinden. Die Argumente an sich können noch so gut sein: Werden sie nicht mit der nötigen Ausdruckskraft einer starken Persönlichkeit vorgetragen, wirken sie schwach.

> **Starke Redner haben starke Argumente, schwache Redner haben schwache Argumente.**

Was sagt ein Zuhörer nach einer interessanten, packenden und unterhaltsamen Rede? »Der war gut!« Er bewertet zuerst den Redner als Person.

Sie sind die Show! Die Wirkung, die beim Vortragen erzielt wird, kommt in meinen Coachings und Seminaren an erster Stelle. Es ist erstaunlich, welche Fortschritte da in kurzer Zeit erzielt werden können. Ein Redner, der vorher allgemein als arrogant und überheblich empfunden wurde, wirkt plötzlich angenehm, menschlich und glaubwürdig. Ein anderer, den man eher für schwach und wenig überzeugend gehalten hat, findet plötzlich zu einer Form, die man ihm nicht zugetraut hätte.

Was macht eine starke Rednerpersönlichkeit aus? Lesen Sie die folgenden Kapitel aufmerksam durch und greifen Sie die Dinge auf, die Sie ansprechen. Es gibt nur wenige allgemein gültige Regeln, die einzuhalten sind, wenn man als Redner gut ankommen will. Im Großen und Ganzen müssen Sie selbst Ihren Weg finden, wie Sie Ihre

Wirkung verstärken können. Wichtig ist dabei, dass Sie Ihre Authentizität bewahren und niemals die »Maske« eines anderen übernehmen, die nicht zu Ihnen passt. Jemand, der von Natur aus leise redet, kann nicht plötzlich im Saal herumbrüllen, ohne die Zuhörer zu schockieren. Ein eher ruhiger Mensch soll nicht anfangen, mit den Händen herumzufuchteln; für ihn ist eine ruhige Gestik natürlich, alles andere wäre eine Verfremdung.

Seien Sie skeptisch gegenüber dem, was Ihnen andere Menschen raten. Gut gemeinte Ratschläge können falsch sein und Ihre Wirkung in unvorteilhafter Weise verändern. Erwarten Sie objektives Feedback nur von ehrlichen Menschen, professionellen Trainern und Lehrkräften, die etwas von Rhetorik und Persönlichkeitswirkung verstehen.

Ich versuche mir die Wirkung bewusst zu machen, die ich auf meine Zuhörer ausübe
- **Dabei gehe ich behutsam vor und glaube nicht alles, was man mir sagt.**
- **Ich erwarte objektives Feedback nur von Leuten, die sich in der Rhetorik und der Persönlichkeitswirkung auskennen und ehrlich mit mir sind.**

Hardpower und Softpower

In der zwischenmenschlichen Kommunikation bewegen wir uns immer auf zwei Ebenen, wie uns die nächste Abbildung verdeutlicht.

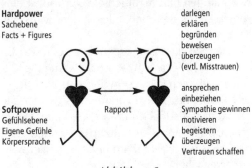

Hardpower
Sachebene
Facts + Figures

darlegen
erklären
begründen
beweisen
überzeugen
(evtl. Misstrauen)

Softpower
Gefühlsebene
Eigene Gefühle
Körpersprache

Rapport

ansprechen
einbeziehen
Sympathie gewinnen
motivieren
begeistern
überzeugen
Vertrauen schaffen

Abbildung 3

Auf der *Sachebene* – der rationalen Ebene – werden Fakten und Zahlen mitgeteilt. Da wird erklärt, begründet und bewiesen, was Sache ist. Mit dieser **Hardpower,** also den harten Tatsachen, kann man, so sollte man meinen, die Zuhörer überzeugen. Doch haben wir alle schon so manche attraktive Argumente gehört, eindrückliche Zahlen gesehen und überzeugende Referate und Präsentationen erlebt und wie oft haben sich offizielle Mitteilungen, Geschäftsberichte und andere Publikationen hinterher als gefälscht herausgestellt. Gerade wenn alles so gut aussieht und perfekt tönt, können Zweifel entstehen. Die großen Skandale der letzten Jahre haben unser Vertrauen erschüttert. Man glaubt nichts mehr blindlings. Die Hardpower reicht nicht mehr aus, um die Menschen definitiv und nachhaltig zu überzeugen.

Deshalb sollten Sie in einer Überzeugungsrede stärker auf der *Gefühlsebene* – der emotionalen Ebene – kommunizieren. Ihre Körpersprache, Ihre Gefühle, Ihre Einstellung – all das spielt eine Rolle. Das ist die **Softpower.** Damit können Sie Ihre Zuhörer emotional ansprechen, deren Sympathie gewinnen und Vertrauen schaffen. So können Sie das Publikum bewegen, begeistern und endgültig überzeugen. Dies ist nicht möglich, wenn Sie nur »facts and figures« präsentieren und ausschließlich auf der rationalen Ebene bleiben (siehe auch das Kapitel »Die Argumentation emotional verstärken«, Seite 51).

Ich unterscheide zwischen der Gefühls- und der Sachebene
- **Auf der rationalen Ebene übermittle ich Tatsachen (facts and figures).**
- **Auf der emotionalen Ebene spreche ich die Gefühle der Zuhörer an (mit meiner Körpersprache, meiner Ausstrahlung und Einstellung).**

Was Ihre Körpersprache verrät

Rede, damit ich dich sehen kann.
Sprichwort aus der Antike

Der Körper folgt der inneren Haltung. Die Körpersprache drückt das aus, was in einem Menschen vorgeht. Da gibt es keine Möglichkeit der Täuschung. Niemand kann seine unbewussten Körpersprachsignale unter Kontrolle halten. Ihre Gesamtwirkung wird zu über neunzig Prozent von der Körpersprache bestimmt und nur zu zehn Prozent vom Inhalt. Das klingt unwahrscheinlich. Ich selbst habe es auch nie so recht geglaubt – bis ich kurz nach der Wende in den Oststaaten (Polen, Ungarn, Tschechien und Rumänien) für ein Großunternehmen Seminare durchführen konnte. Ich sprach Englisch und jeder Satz meines Referats musste von einem Dolmetscher übersetzt werden, so auch die Fragen der Teilnehmer und meine Antworten. Ich konnte nur etwa siebzig Prozent des sonst üblichen Stoffes behandeln und das Lerntempo war sehr stark verlangsamt. Und das Resultat? Ich konnte erstaunlicherweise mehr erreichen als sonst! Dadurch, dass die Teilnehmer und ich ein Sprachenproblem hatten, wurde unsere Körpersprache wichtiger. In den langen Übersetzungspausen konnten wir uns gegenseitig lange beobachten. Deshalb haben wir uns viel schneller und besser verstanden und das hat meine Überzeugungsarbeit wesentlich erleichtert und verkürzt.

In den Schauspielschulen lernen die Schauspieler durch »Denken«, eine Rolle, die vorerst »leer« ist, mit ihrer Persönlichkeit zu »füllen«. Auch bei Proben weisen die Regisseure die Darsteller an, die richtigen Gedanken zu denken. Die Schauspieler lernen, die gewünschten Gefühle situativ und momentan – sozusagen auf Wunsch – in sich zu produzieren, indem sie entsprechende Gedanken bewusst denken. Gedanken produzieren Gefühle. Daraufhin wird die Stimme entsprechend gefärbt und es entsteht automatisch die gewünschte Mimik, Gestik und Körperhaltung. Es wird zunehmend »von innen nach außen« geübt und immer weniger »von außen nach innen«. Anweisungen wie zum Beispiel »Mach jetzt drei Schritte! Lächle!« hört man immer seltener.

Der gute Schauspieler spielt nicht jemanden, er *ist* die Person, die er darstellt. Man erkennt das sehr gut, wenn er an einer bestimmten Stelle tieftraurig sein muss und ihm echte Tränen kommen. Das kann so weit gehen, dass es zu einer Persönlichkeitsveränderung kommt. Der Schauspieler weiß nicht mehr genau, ist er er selbst oder die Person, die er spielt. Er kann sich nicht mehr ganz mit sich selbst identifizieren, wechselt quasi mehrmals seine emotionale Identität.

Jeder Mensch nimmt die Körpersprache eines anderen Menschen unbewusst wahr und vergleicht deren Signale laufend mit der gesprochenen Botschaft. Am meisten verrät dabei die Mimik. Wir können zum Beispiel erkennen, wenn der Mund zwar lacht, aber die Augen nicht. Wir

Menschen sind von Natur aus in der Lage, jede Inkongruenz (Abweichung) zwischen Worten und Körpersprachsignalen ziemlich zuverlässig festzustellen. Dann ziehen wir sogleich das Gehörte in Zweifel.

Es macht nach meinem Dafürhalten aber wenig Sinn, sich die verschiedenen Körpersprachsignale ständig bewusst zu machen und über den Verstand interpretieren zu wollen. Dieser Prozess wäre viel zu kompliziert und zu langsam. Wir sollten uns eher auf unsere Intuition verlassen, die uns zuflüstert, was die einzelnen Signale bedeuten. Diese innere Stimme sagt meistens die Wahrheit. Wir müssen nur mehr darauf hören. Nach Prof. C. G. Jung sind das Wahrnehmen und das richtige Interpretieren von Körpersprachsignalen ohnehin archaisch, das heißt, wir Menschen müssen es nicht lernen, sondern werden mit diesen Kenntnissen geboren.

Meine Körpersprache drückt meine Einstellung und meine Gefühle aus
- **Kurz vor meinem Auftritt »denke« ich meine Ziele und Botschaften.**
- **Während des Vortrags »denke« ich fortwährend meine Ausführungen, bevor ich sie ausspreche.**

Die Körperhaltung verbessern

Vom ersten Moment an, in dem Sie ins Blickfeld der Zuhörer treten, werden Sie genau beobachtet. Jeder Quadratzentimeter Ihrer Erscheinung wird studiert. Man ist schließlich neugierig, will erkennen, wer die Person ist, die jetzt gleich reden wird. So fällt den Zuhörern bereits auf, wie Sie ans Rednerpult gehen. Ihr Gang soll nicht zu locker oder sogar tänzerisch sein, das würde Ihre Wirkung als Redner und Ihre Glaubwürdigkeit beeinträchtigen, noch bevor Sie begonnen haben. Das Wort »glaubwürdig« enthält das Wort »Würde«. Also schreiten Sie würdig und gemessenen Schrittes ans Pult, wenn Sie von Anfang an einen guten Eindruck machen wollen. Das erfordert Konzentration und Übung. Auch wenn so ein Gang sonst nicht Ihrer Art entspricht, empfehle ich Ihnen, es so zu machen. Vielleicht ist das die einzige Ausnahme von meiner Empfehlung, Authentizität zu wahren. Aber die Art, wie ein Redner ans Pult schreitet, drückt für die Zuhörer aus, ob er ihnen Achtung entgegenbringt. Geht er zu locker ans Pult, könnte das als Mangel an Respekt empfunden werden. Dieses Risiko sollten Sie nicht eingehen. In meinen Coachings empfehle ich meinen Klienten, so ans Rednerpult zu schreiten, als hätten sie zehn Kilogramm Blei an jedem Fuß!

Jetzt stehen Sie am Rednerpult. Sie dürfen ohne weiteres Ihre Manuskriptpapiere ordnen, den Computer für das PowerPoint-Programm testen. Es ist wichtig, dass alles bereit ist, wenn Sie beginnen. Wenn Sie sich vor Ihrer Rede sorgfältig einrichten und sich Zeit dafür lassen, erhöht das sogar noch die Spannung.

Jetzt nehmen Sie Blickkontakt mit den Zuhörern auf (siehe Kapitel »Blickkontakt mit den Zuhörern«, Seite 123).

Bevor Sie zu reden beginnen, stellen Sie sich fest auf beide Füße und stehen ruhig. Ich sage nicht, dass Sie sich während Ihrer Rede nicht bewegen dürfen. Wenn Sie temperamentvoll sind und Lust zur Bewegung haben, wäre es eine Tortur, die ganze Zeit wie angenagelt stehen zu müssen. Die Zuhörer würden ohnehin bald merken, dass Sie sich nicht wohl fühlen. Wichtig ist jedoch, in welche Richtung Sie sich bewegen. Ein Redner, der dauernd nach links und rechts geht oder ständig von einem Bein auf das andere wechselt, wirkt unruhig. Die Zuhörer werden nach einiger Zeit beinahe seekrank, wenn sie das ewige Hin und Her beobachten müssen. Um nicht in dieses unvorteilhafte Verhalten zu verfallen – von dem man schwer wieder loskommt – denken Sie an die folgende Geschichte: Ein berühmter Filmschauspieler – ich glaube, es war Clark Gable – wurde einmal im Fernsehen interviewt: »Sie hatten ja von Anfang an großen Erfolg, schon in Ihrem ersten Film haben Sie alles richtig gemacht!« – »Das stimmt nicht«, sagte er, »beim ersten Film sagte mir der Regisseur: ›Du stehst falsch‹, worauf ich ihn fragte: ›Was soll ich denn tun?‹ Er gab mir den Rat: ›Wenn du dich konzentriert auf deine beiden Füße stellst und etwas die Zehen bewegst, bis du die Kraft der Erde spürst, die in dich hineinströmt, dann stehst du richtig!‹«

Stellen Sie sich so hin und nehmen Sie sich Zeit, bis Sie das Gefühl haben, fest verankert zu stehen. Dann erst fangen Sie zu reden an. Jetzt dürfen Sie sich gern bewegen, aber zu den Zuhörern hin und wieder zurück. Das stört überhaupt nicht, sondern verstärkt Ihre Wirkung noch. Die Zuhörer haben so das Gefühl, dass Sie ihnen entgegenkommen. Dadurch, dass sie sich vorher bewusst hinstellen, so, wie eben beschrieben, kehren Sie automatisch immer wieder an den Ausgangspunkt zurück – wie bei einer Selbstprogrammierung. Sie kommen immer wieder auf Ihren Stand-Punkt. Sie halten stand. Punkt.

Stehen Sie aufrecht. Achten Sie jedoch darauf, Ihren Kopf nicht zu hoch zu halten oder zurückzuwerfen, das könnte überheblich und arrogant wirken. Sie dürfen Ihren Kopf ruhig mal etwas senken, wenn Sie einzelne Zuhörer anschauen. Das wirkt engagiert, ernst und eher bescheiden.

Aufrechtes Stehen verleiht Ihrer Rede mehr Achtung und Gewicht. Sie selbst gewinnen an Würde und Glaubwürdigkeit.

Ich achte auf meine Körperhaltung
- Ich schreite gemessenen Schrittes zum Rednerpult.
- Ich stelle mich auf beide Füße.
- Ich stehe aufrecht, ruhig und konzentriert.
- Ich darf mich bewegen, aber immer zu den Zuhörern und wieder zurück.
- Ich trage den Kopf nicht zu hoch und werfe ihn nicht zurück, senke ihn nur, wenn ich einzelne Zuhörer anschaue.

Die Gestik verstärken

Hände sind Sprechwerkzeuge, sie wollen reden. Allerdings ist das Bedürfnis, wie stark die Hände reden wollen, sehr unterschiedlich. Ein temperamentvoller Mensch hat natürlich auch eine temperamentvolle Gestik. Ein ruhiger Mensch wird weniger und eher ruhige Bewegungen machen.

Wenn Sie Ihre Hände fixieren, indem Sie sie vor oder hinter dem Körper falten oder Ihre Arme verschränken, können Sie nicht lange reden. Ihr Körper beginnt Drehbewegungen auszuführen. Das sieht nicht gut aus. Manche Redner stecken die linke Hand in die Hosentasche und halten in der rechten Hand den Laserpointer. So kann keine Gestik entstehen!

> **Die Gestik ist der verlängerte Arm der Persönlichkeit.**

Denken Sie nicht an Ihre Hände, dann werden sie automatisch zu reden beginnen. Lassen Sie die Arme zunächst frei herabhängen, auch wenn das anfänglich etwas ungewohnt ist. Als Erstes werden sich nach einiger Zeit Ihre Hände bewegen. Gestik unter der Gürtellinie bleibt noch unwirksam. Langsam werden Ihre Hände jedoch immer mehr nach oben kommen und es entwickelt sich eine ganz natürliche Gestik, die zu Ihnen passt. Hände und Arme unterstreichen und betonen Ihre Aussagen entsprechend Ihrer Einstellung. Es ergibt sich so eine starke, natürliche Gesamtwirkung, bestehend aus dem gesprochenen Wort und Ihrer Körpersprache.

> **Der natürliche Gestus kommt vor dem Wort.**

Wenn jemand zum Beispiel sagt: »Nur ein Einziger hat es verstanden!«, und *dann* den Zeigefinger hebt, ist das gewollt und wirkt gekünstelt. Geht der Finger *zuerst* in die Höhe, wirkt es absolut natürlich. Intuitiv und automatisch wird der Zeigefinger aktiviert, bevor die Worte gesprochen werden. So funktioniert es, wenn man nicht an seine Hände denkt. Sie agieren dann zur rechten Zeit und ganz von allein.

Männer können während einer Rede ohne weiteres ab und zu mal eine Hand oder sogar beide Hände in die Hosentaschen stecken, aber nicht zu lang! Auf keinen Fall soll sich ein Redner so hinstellen, bevor er seine Rede beginnt, das wirkt salopp und signalisiert mangelnde Wertschätzung gegenüber den Zuhörern.

Einen Bleistift oder einen Kugelschreiber in der Hand zu halten wirkt belehrend, dozierend und rechthaberisch. Das ist eine Untugend, die ich manchmal bei neuen Klienten in meinen Coachings und bei Seminarteilnehmern feststelle. Ich nehme ihnen das Ding weg. Die Hände müssen frei sein, damit sich eine natürliche und ausdrucksstarke Gestik entwickeln kann.

- **Ich fixiere meine Hände nicht, sondern lasse sie machen, was sie wollen.**
- **Verwende ich ein Hilfsmittel – Stift, Laserpointer oder Zeigestab –, lege ich es nach Gebrauch gleich wieder weg.**

Mit Lampenfieber richtig umgehen

Ich frage immer wieder erfahrene Redner, Sänger und Fernsehmoderatoren, ob sie Lampenfieber haben. Alle – ohne Ausnahme – bestätigen mir, dass sie etwas in dieser Richtung verspüren, und wenn es nur ein leichtes Kribbeln ist. Sie sind angespannt und befangen, sehen dem Beginn ihres Auftritts ungeduldig und erwartungsvoll entgegen und wirken am Anfang oft nervös.

Ich selbst habe immer sehr starkes Lampenfieber. Es beginnt schon, wenn ich den Auftrag für ein Referat oder Seminar erhalte. Wenn ich erfahre, dass ich zum Beispiel in vier Monaten bei einer wichtigen internationalen Tagung der letzte Key Note Speaker im Programm sein werde und dass man mich im Prospekt als »Urgestein der Schweizer Trainer« ankündigt, »der immer für Überraschungen gut ist und die Tagung sicher zu einem würdigen Ende bringen wird«, läuft es mir ganz kalt den Rücken hinunter. Ich habe große Angst, diesen Ansprüchen nicht gerecht zu werden. Ist das eine Schwäche? Ist das mangelndes Selbstbewusstsein, mangelnde Zuversicht?

Ich glaube nicht. Ich bin der Auffassung, dass Lampenfieber etwas ganz Natürliches und Normales ist. Ein mit mir befreundeter und sehr bekannter Fernsehmoderator, der seit vielen Jahren im Schweizer Fernsehen jede Woche eine Sendung mit traumhaften Einschaltquoten von bis zu vierzig Prozent macht, sagte mir, dass er vor Beginn jeder Sendung so viel Lampenfieber habe, dass er am liebsten zum Fenster hinausspringen möchte.

> **Hohes Lampenfieber ist der Preis, den der überdurchschnittlich Erfolgreiche zahlen muss.**

Obwohl einem Vernunft und Verstand ja sagen müssten, dass die bisherigen Erfolge weitere Erfolge fast garantieren sollten, dass man schon so viel Erfahrung hat und es doch ganz sicher beim nächsten Mal ebenfalls gut gehen werde, spielt offenbar das Unterbewusstsein nicht mit. Tief verborgen sitzen offenbar große Ängste, es das nächste Mal nicht so gut schaffen zu können wie bisher. Das hat allerdings auch wieder eine gewisse Logik. Wenn man das letzte Mal so erfolgreich war, dass man Standing Ovations bekam, wie will man da sicher sein, dass es wieder klappt? Je größer die Erfolge, desto höher das Lampenfieber. So erlebe ich das.

Interessanterweise wird das Lampenfieber des Referenten von den Zuhörern niemals als Schwäche empfunden. Sie registrieren es als eine Form von Engagement und beziehen das auf sich. Sie bekommen den Eindruck, dass sich der Referent besonders für sie interessiert. Das wirkt äußerst positiv. Ein Referent, der zu Beginn seines Vortrags Lampenfieber hat, wird vom ersten Moment an von seinen Zuhörern getragen. Sie wollen ihm intuitiv helfen. Wenn ein Referent allzu selbstsicher beginnt, passiert genau das Gegenteil. Die Zuhörer denken: »Warte nur, dich kriege ich schon noch!«

Ich frage meine Klienten in den Coachings oft: »Haben Sie Lampenfieber?« Antwortet einer: »Nein, nie!«, sage ich ihm: »Dann will ich mal schauen, was ich für Sie tun kann!« Ein Mangel an Lampenfieber könnte Gleichgültigkeit oder zu wenig Engagement signalisieren, und das wäre fatal. Oder es bedeutet, dass man sich in falscher Sicherheit wiegt: »Ach, das schaffe ich doch spielend!« Genau solche Überlegungen sind meiner Meinung nach gefährlich.

Auch wenn man denselben Vortrag mehrmals hintereinander hält, ist es doch jedes Mal anders. Mir ist es schon passiert, dass ich bei fünf Auftritten mit je hundert Zuhörern – in ein und demselben Unternehmen – beim fünften Mal den Eindruck hatte, nicht anzukommen. Ich konnte machen, was ich wollte, es klappte nach meinem Gefühl einfach nicht richtig. Im Nachhinein zeigte sich allerdings, dass mich mein Gefühl getäuscht hatte, denn das Rating (Beurteilung der Rede durch die Zuhörer nach bestimmten Gesichtspunkten) war sogar noch höher als dasjenige der vorherigen Gruppen. Gefühle können täuschen, es kommt mir manchmal vor wie damals, als ich noch Automobilsport betrieb und Bergrennen fuhr. Da wusste ich auch nie, wie ich positioniert war. Wenn ich das Gefühl hatte, es sei noch ganz gut gegangen, war ich oft weit hinten – und umgekehrt. Da waren mir die Rundstreckenrennen lieber, da wusste ich immer sehr genau, wo ich war.

Ich begrüße das Lampenfieber als einen zwar sehr unangenehmen, aber doch willkommenen Freund. Bei mir kulminiert es dermaßen, dass ich in den letzten Minuten vor einem Auftritt unansprechbar bin. Es gibt Leute, die es gut mit mir meinen und zur Ablenkung mit mir plaudern möchten. Ich entschuldige mich dann – manchmal sogar etwas unwirsch – und sage, dass ich mich konzentrieren müsse. Dafür hat man im Allgemeinen Verständnis. Ich ziehe mich zurück, gehe – sofern vorhanden – in den Bühnenraum hinter dem Vorhang oder setze mich in die vorderste Reihe, sodass ich allen den Rücken zuwende, und mache meine Atemübung (siehe Kapitel »Übungen«, Seite 149). Diese Übung reduziert mein Lampenfieber so weit, dass es mich nicht lähmt oder sonst zu stark behindert.

Kaum habe ich aber die ersten drei Sätze meiner Rede gesprochen, ist das Lampenfieber weg und ich fühle mich außerordentlich gut. Ich kann es gar nicht richtig erklären. Es ist eine Art innere Klarheit, ich fühle mich, als würde ich schweben, und gleichzeitig stark und ungemein lebendig. Die Worte fallen mir spielend zu, ich bin erfüllt von einer unsäglichen Kreativität und Leichtigkeit. Das hält während des ganzen Vortrags an. Am stärksten ist es am Schluss, wenn ich den Applaus genieße, ein unbeschreibliches Glücksgefühl!

Ich nehme mein Lampenfieber an
- Ich ziehe mich vor Beginn des Auftritts für einige Minuten zurück.
- Ich gehe meinen Vortrag gedanklich noch einmal durch.
- Ich mache eine Atemübung zur Entspannung.

Die Persönlichkeit als Marke

Die Originale sterben aus. Es besteht zunehmend die Tendenz zur Uniformität. In meinem Buch »Natürliche Rhetorik« habe ich geschrieben: »Polieren Sie nicht allzu sehr an sich herum, sonst glänzen Sie nur noch und man sieht nicht mehr, was für eine Münze Sie sind!« Eine starke Persönlichkeit hinterlässt unverwechselbare Spuren.

In Aus- und Weiterbildungskursen wird oft gelehrt: »So wird es gemacht!« Wenn es aber alle »so machen«, wer kann sich dann überhaupt noch als Persönlichkeit profilieren?

Du bist mehr als die Rolle, die du spielst, du bist du selbst.
Pater Albert Ziegler, S. J.

Bleiben Sie authentisch. Stehen Sie zu sich selbst. Natürlich müssen Sie manchmal eine Rolle spielen, die Ihnen zugeteilt wird. Das ist im Wirtschaftsleben oft der Fall. Aber bleiben Sie dabei immer der, der Sie sind. Die Rolle bezieht sich auf Ihre Funktion, nicht auf Ihre Identität.

> **1. Spiele deine Rolle möglichst gut und lerne neue dazu, aber gehe in keiner völlig auf.**
> **2. Bewege fleißig deine Hände, aber sei von innen her bewegt.**
> **3. Hänge gelegentlich alle deine Rollen an den Nagel und dich nicht selbst auf.**
>
> Pater Albert Ziegler, S.J.

Anton Bruckner wurde einmal gefragt: »Sind Sie ein Wagnerianer oder ein Brahmsianer?« Er antwortete: »Ich bin selber Aner!«

In meinen Coachings und Seminaren betreiben wir »Personal Branding«. Wir versuchen das Markenzeichen, die Ich-Marke eines jeden Teilnehmers zu finden. Was sind denn die Erfolgsfaktoren von »Personal Brands«? Das sind Authentizität, Klarheit, Konsistenz und Kontinuität. Der Erfolg einer Persönlichkeitsmarke hängt davon ab, inwieweit sich die jeweilige Person über ihre Identität und Ihre Position in der Öffentlichkeit bewusst ist. Damit Sie positiv in Erscheinung treten, muss Ihr Verhalten gegenüber Kunden, Mitarbeitern und der Öffentlichkeit jederzeit Ihre Prägung widerspiegeln und sich von anderen Personen abgrenzen – und dies konsistent in allen Rollen. Deutsche Persönlichkeitsmarken wie Verona Feldbusch (jetzt Pooth) oder Dieter Bohlen, aber auch erfolgreiche Wirtschaftsführer und Mitarbeiter bleiben ihrer Person immer treu. Eine durchgängige, klar gelebte Selbstdarstellung erfordert zudem Sichtbarkeit. Nur wer von seiner Zielgruppe regelmäßig wahrgenommen wird, wird zu einer Konstante.

Jederzeit zu seinen Aussagen und Gefühlen zu stehen braucht Mut und Charakter. Andererseits: Wer starke innere Gefühle verdrängt und überspielt, wirkt unglaubwürdig. Der schweizerische Bundesrat Christoph Blocher weiß das sehr wohl, weshalb er eine Gesetzesvorlage vor einer Abstimmung nicht öffentlich unterstützt, wenn er in seinem Innersten dagegen ist. So wirkt er ehrlich und authentisch. Dass er mit seiner Verweigerung gegen das Kollegialitätsprinzip im Schweizerischen Bundesrat (Exekutive) verstößt und fast eine Staatskrise auslöst, ist das weniger erwünschte Resultat seines konsequenten Verhaltens. Aber er ist unumstritten eine starke Persönlichkeit und als solche anerkannt, auch von seinen Gegnern.

Mut zur eigenen Vorgehensweise ist ebenfalls Teil des Personal Brand. »I did it my way« heißt einer der weltweit populärsten Songs. Wenn alle anderen Vortragenden bei Präsentationen möglichst viele farbige Folien zeigen und einfach nur kommentieren, kann durch freies Reden – ohne jegliche Schaubilder – oft viel mehr Wirkung erzielt werden. Ein Geschäftsführer musste bei einer öffentlichen Veranstaltung kurzfristig für seinen erkrankten Chef einspringen und hatte nur zwei Stunden Zeit, um einen improvisierten Vortrag vor hundertfünfzig Personen vorzubereiten. Er war gezwungen, frei zu reden, ohne jegliche visuelle Unterstützung. Sein Auftritt war ein Riesenerfolg und er erntete großen Applaus. Er wirkte völlig natürlich und zeigte sich so, wie er ist, frisch, sprühend vor Elan und Tatkraft, einnehmend und sympathisch. Diese starke Ausstrahlung hätte er kaum erzielt, wenn er seinen Vortrag mit vielen Folien – und wären sie noch so gut gewesen – zugedeckt hätte. Seine anfängliche Verlegenheit, weil er sich nicht gründlich vorbereiten hatte können, weckte bei den Gästen Sympathie und Mitgefühl.

Eine vermeintliche Schwäche kann in den Augen der Zuhörer zu einer Stärke werden und sogar eher negative Persönlichkeitsmerkmale können Teil einer Ich-Marke sein.

> **Wer keine üblen Gewohnheiten hat, hat wahrscheinlich auch keine Persönlichkeit.**
> William Faulkner

Ich kenne einen sehr erfolgreichen Topmanager, der eigentlich von seinem Naturell her kein wirklich begabter Kommunikator ist. Er ist zwar eine Persönlichkeit mit ausgesuchter Kultur und Höflichkeit, hat aber manchmal eine etwas eckige und kantige, leicht cholerische Art, die sehr direkt und für Einzelne fast verletzend sein kann. Dennoch wird er von seinen Mitarbeiterinnen und Mitarbeitern und seinem Publikum hoch geschätzt. Und ein CEO eines Unternehmens mit sechzigtausend Beschäftigten, der sich bei einem Autoverkäufer entschuldigte, weil er zum vereinbarten Termin zwei Minuten zu spät kam, hinterlässt eine starke Wirkung.

Für ein Personal Brand sind auch Äußerlichkeiten wichtig. Durch die Einzigartigkeit der äußeren Erscheinung schafft der Mensch in der Öffentlichkeit einen großen Erinnerungswert. Dieter Zetsche, der Manager von DaimlerChrysler USA, trägt seit Jahren seinen unverkennbar großen, nach rechts und links sprießenden Schnauzbart. Der Walliser Ski-Akrobat und Hotelier Art Furrer wäre ohne seinen Hut nicht Art Furrer. Martin Ebner, der umstrittene schweizerische Bankier, wäre ohne seine Fliege vielleicht weniger stark aufgefallen (ob positiv oder negativ, bleibe dahingestellt). Die Schweizer Bundesrätin und Außenministerin Calmy-Rey würde ohne ihre originelle zweifarbige Pony-Frisur nicht so markant in Erinnerung bleiben.

Personal Branding ist eine echte Chance zur Profilierung in einer zunehmend harten Leistungsgesellschaft. Ich fordere deshalb vor allem junge Menschen auf, sich selbst, spätestens nach dem dritten identischen Feedback auf eine Äußerlichkeit oder ein Verhalten hin, zu fragen, ob das zu einem Markenzeichen werden könnte.

> **Ich suche mein persönliches Markenzeichen**
> - Auf welche Äußerlichkeiten oder Eigenarten werde ich von anderen Menschen in Bezug auf meine Persönlichkeitswirkung immer wieder aufmerksam gemacht?
> - Was könnte zu meiner Ich-Marke werden?

Selbstbewusstsein und Selbstvertrauen

> Was Sie gesagt haben,
> vergisst man schnell.
> Wie Sie auf die Zuhörer gewirkt haben,
> bleibt lange in Erinnerung.

Alles klingt glaubwürdiger, wenn es von einer starken Persönlichkeit vorgetragen wird. Selbstbewusstsein, Selbstvertrauen, Zuversicht und vor allem der Glaube an sich selbst und an die Botschaft, die vermittelt wird, schaffen das notwendige Vertrauen bei den Zuhörern. Nur so können Entscheidungen herbeigeführt werden, die verlässlich und von Dauer sind.

Kann man lernen, eine starke Persönlichkeit zu sein? Das ist sehr gut möglich. Es setzt aber voraus, dass man seine Kommunikationswirkung hinterfragt. Man muss bereit sein, durch intensive Arbeit an sich selbst die inneren Voraussetzungen zu schaffen, um bei anderen Menschen gut anzukommen. Nach den alten Griechen, die Rhetorik und Dialektik als Pflichtfächer lehrten, braucht es drei Kriterien, um andere Menschen ehrlich überzeugen zu können:

1. **Ethos: Ihre Einstellung, Sie selbst, Ihre Wirkung**
2. **Pathos: Ihre Fähigkeit, den Zuhörern das Gefühl zu geben, dass Sie sie verstehen**
3. **Logos: Ihre Argumentation**

Ethos ist Ihre moralische Grundhaltung. Wie stehen Sie zu sich selbst, zu Ihrem Anliegen und zu den Zuhörern?

> **Der Weg zum anderen führt über einen selbst.**

Mögen Sie sich? Glauben Sie an sich? Wenn Sie selbst nicht an sich glauben, wie sollen denn dann Ihre Zuhörer an Sie glauben? Es ist wichtig, dass Sie eine positive Einstellung zu sich haben. Das fängt schon frühmorgens an, wenn Sie sich nach dem Aufstehen im Spiegel sehen. Wenn ich nach dem Rasieren und dem Einmassieren von Aftershave und Gesichtscreme so eine rosige Haut bekommen habe und mich im Spiegel betrachte, finde ich, dass ich eigentlich ganz gut aussehe. Ich sage dann manchmal zu mir: »I like Harry! Do you like Harry?« Sie finden das vielleicht ein bisschen kindisch. Das fand ich anfänglich auch. Aber ich mache das seit langem fast täglich und es hat nichts mit Selbstbeweihräucherung zu tun. Es ist ein zwar sehr einfaches und eher profanes Mittel zur Selbstbejahung, aber es wirkt! Sie müssen auch Ihre Unvollkommenheit bejahen. Denn wenn Sie etwas an sich stört, dann stört es andere Menschen höchstwahrscheinlich ebenfalls. Ich vergesse nie den Zuhörer, der auf einer Tagung in der Pause zu mir kam und sagte, ich hätte eben in meinem Vortrag das Problem seines Lebens angesprochen. Er zeigte mir seine rechte Hand, die leicht verkrüppelt war. Ich fragte ihn, was passiert sei, und er erzählte, dass er sieben Operationen hinter sich habe und man ihm jedes Mal versprochen hätte, dass die Hand wieder in Ordnung käme, aber es sei jedes Mal nur noch schlimmer geworden. Als er seine berufliche Tätigkeit wieder aufnahm – wozu der Besuch von Klinikärzten gehörte –, zuckte jeder Arzt, dem er die Hand gab, zunächst zurück. Er hatte eine schwere Lebenskrise. Dann entschloss er sich, zu seiner Hand – so wie sie eben war – »ja« zu sagen und sie anzunehmen als ein Teil von sich selbst. Von diesem Moment an habe niemand mehr gezuckt. Ich war äußerst beeindruckt von diesem Beispiel. Es beweist, wie stark sich die eigene Meinung von sich selbst auf andere Menschen überträgt.

Wie stehen Sie zu dem, was Sie vortragen? Sind Sie überzeugt von dem, was Sie sagen? Falls nicht: Wie sollen denn Ihre Zuhörer daran glauben, wenn nicht einmal Sie selbst es tun? Wenn Sie hingegen an das glauben, was Sie Ihren Zuhörern sagen, haben Sie »Credo«. Und damit erhöhen Sie Ihre Glaubwürdigkeit ganz enorm (siehe nächstes Kapitel »Credo und Charisma«, Seite 88).

Wie stehen Sie zu Ihren Zuhörern? Mögen Sie sie? Wenn da Menschen sitzen, mit denen Sie bereits schlechte Erfahrungen gemacht haben, werden Sie ihnen negative Gefühle entgegenbringen. Das ist gefährlich, denn diese Menschen werden das spüren. Merken Sie sich: Jemanden, den man nicht mag, kann man von nichts überzeugen! Sie sollten Ihre Einstellung zu Ihren Zuhörern unbedingt positiv gestalten oder zumindest neutralisieren (siehe Kapitel »Die Einstellung zu den Zuhörern«, Seite 91).

Pathos ist die Fähigkeit, den Zuhörern das Gefühl zu geben, dass sie verstanden werden. Wie schafft man das? Ganz einfach: Sie müssen Ihre Zuhörer so oft und so lange wie möglich anschauen und versuchen, nonverbale »Quittungen« einzuholen. Dieses Vorgehen signalisiert Ihren Zuhörern, dass Sie auf sie eingehen, und verhindert zugleich, dass Sie zu selbstbewusst, vielleicht sogar arrogant und überheblich wirken (siehe Kapitel »Blickkontakt mit den Zuhörern«, Seite 123).

Logos heißt wörtlich übersetzt »Sinn«. Das bedeutet: sinnvolles Wort, einfaches Wort und meint Botschaften, Ihre Argumentation, die Substanz Ihres Vortrags, den Inhalt.

Ganz zuerst kommt immer das Ethos, Ihre Einstellung zu sich selbst. Wenn die nicht positiv ist, werden Sie vom Publikum weder akzeptiert noch ernst genommen.

> **Ich will selbstbewusst wirken (ohne überheblich zu sein)**
> - Ich versuche, eine positive Einstellung zu mir selbst zu finden, was immer auch geschehen ist.
> - Ich sage mir: »Ich mag mich, weil es mich gibt.«

Credo und Charisma

Die eigene Überzeugung – das eigene Credo – ist die Voraussetzung dafür, andere Menschen von etwas zu überzeugen. Fehlt sie, werden die stärksten Argumente zu schwach vorgetragen. Die Zuhörer merken sehr bald, dass er zwar den

Auftrag hat, positiv über etwas zu reden, selbst aber anderer Meinung ist. Die Gefühlsübertragung und die Körpersprache verhindern, dass man die Zuhörer betrügt!

Im Geschäftsleben kann es vorkommen, dass jemand einen Vortrag oder eine Präsentation über ein Thema halten muss, von dem er nicht viel hält. Tritt er mit einer negativen Einstellung zu seinen Argumenten vor die Zuhörer, kann er sich noch so anstrengen: Das Ganze wird ein Flop. Also muss er seine Meinung ins Positive verändern. Wie geht das? Zum Beispiel indem er sich mit dem Thema näher auseinander setzt. Vielleicht fehlt die notwendige Überzeugung infolge mangelnder Informationen, die neue, entscheidende Anhaltspunkte über Vorteile liefern.

Wenn jemand etwa von einem Produkt, das er präsentieren soll, nicht überzeugt ist, kann er ein Gespräch mit der Entwicklungsabteilung oder dem Product Manager führen, der das Produkt im Markt einführt. Die Begeisterung dieser Menschen überträgt sich auf den Referenten. So kommt er zu seinem Credo.

Wer möchte nicht gern charismatisch wirken? Charisma ist eine der beneidenswertesten Eigenschaften, die ein Mensch haben kann. Ist Charisma nur wenigen, begnadeten Menschen vorbehalten oder kann es jeder haben?

Ich neige zu der Auffassung, dass eigentlich jeder charismatisch sein kann. Man braucht nur zu wissen, woher Charisma kommt. Meiner Meinung nach ist Charisma ein gesteigertes Credo, der verstärkte Glaube an das, was man sagt.

> **Charisma ist ein verstärktes Credo,
> es ist der feste Glaube an Ihre Botschaft.**

Ich werde nie das Erlebnis bei einer Verkaufstagung in Deutschland vergessen, bei der ich vor einer großen Gruppe von Schmuckverkäuferinnen ein Referat halten sollte. Vor meinem Auftritt fiel mir auf, dass ein einziger Mann in der vordersten Reihe saß, sonst waren nur Frauen anwesend. Der Veranstalter sagte mir auf meine Frage, der Mann sei ein Gasthörer, den er zu der Tagung eingeladen habe. Es sei der Deutschland-Chef von Citizen, dem japanischen Uhrenhersteller. Als er mir als Schweizer diesen Mann vorstellte, bemerkte er etwas zynisch: »Leider ist das keine Schweizer Uhr!« Ich war etwas bange, dass diese Bemerkung dem Herrn unangenehm sein könnte. Als ich mich jedoch zu ihm setzte, sagte er ganz ruhig und gelassen, aber mit großer Prägnanz und Begeisterung: »Citizen ist der zweitgrößte Uhrenhersteller der Welt.« Dabei blitzte es in seinen Augen. Ich war äußerst beeindruckt. Seither – und das liegt Jahre zurück – habe ich eine ganz andere Einstellung zu dieser Uhrenmarke, die mir vorher ziemlich gleichgültig gewesen war. Ich bin als Schweizer eher von unseren berühmten Luxus-Uhren eingenommen. Seit dieser Begegnung ertappe ich mich allerdings des Öfteren dabei, dass ich, wenn ich an einem Uhrengeschäft vorbeikomme, nachschaue, ob im Schaufenster Citizen-Uhren ausgestellt sind. So einen starken Eindruck hat dieser Mann bei mir hinterlassen. Das ist Charisma!

> **Ich versuche eine positive Einstellung zu finden zu dem, was ich sage**
> - Ich glaube fest an das, was ich sage.
> - Wenn ich Zweifel habe, befasse ich mich intensiv mit der Materie, um positive Aspekte zu finden, und rede mit Menschen, die von der Thematik begeistert sind: Ihre Begeisterung wird sich auf mich übertragen.
> - Je stärker mein Credo, umso eher bekomme ich Charisma.

Die Einstellung zu den Zuhörern

Als ich einmal eine Tagung für den Fachhandel organisierte, engagierte ich einen sehr bekannten externen Gastredner, der zwei Referate über Fachthemen halten sollte. Nach seinem ersten Vortrag sprach ich in der Pause mit mehreren Teilnehmern und alle fanden den Referenten enttäuschend schlecht und wenig kompetent. Vor seinem zweiten Referat sagte ich daher zu ihm: »Sie kommen bei diesen Zuhörern anscheinend nicht an!« Da antwortete er: »Kein Wunder, bei diesen Idioten!« Ich habe das nie vergessen und mir wurde klar, warum er scheiterte: Mittels Gefühlsübertragung und durch seine Körpersprache hatte er seine negative Einstellung auf das Publikum übertragen.

Wenn ein Redner überheblich und arrogant wirkt, muss er nicht grundsätzlich so sein, sondern hat vielleicht nur momentan eine falsche Einstellung. Dann hätte er vor Beginn seines Auftritts versuchen sollen, dies zu ändern, indem er sich sagt: »Mein Erfolg hängt allein von diesen Zuhörern ab. Wenn sie mich nicht akzeptieren, werden sie auch meine Argumente nicht gut finden.«

> **Jemanden, den man nicht mag, kann man von nichts überzeugen.**

Ein Topmanager, der oft Fernsehinterviews gibt, sagte mir in einem Coaching, dass er diese ekligen Journalisten, die ihm immer so »böse« Fragen stellen würden, unendlich hasse. Ich machte ihn darauf aufmerksam, dass er mit dieser Einstellung niemals erfolgreich auftreten könne. Er solle sich doch sagen, diese Journalisten seien die Sprecher seiner Kunden. Sie würden sich echt und ehrlich – im Sinne der Wahrheitsfindung – bemühen, Schwachstellen in seinem Unternehmen aufzuspüren, das sei doch genau ihre Aufgabe. Genauso wie er einen guten Job erledigen wolle, hätten diese Journalisten die Ambition, ihre Sache gut zu machen. Dass da ein Interessenkonflikt bestehe, sei völlig normal. Er solle doch mal darüber nachdenken, dass solche Interessenkonflikte ja auch in einem Unternehmen vorkämen – wie zum Beispiel Wachstum versus Optimierung, Fabrikation versus Qualitätskontrolle usw. –, und dass das sogar absolut notwendig für das Unternehmen sei. Da begann er seine Einstellung zu Journalisten und Analysten zu ändern. Er hatte fortan mehr Verständnis für deren kritische Haltung und prompt wurden seine Auftritte wesentlich besser.

Sie müssen immer versuchen, Ihre Einstellung positiv oder mindestens neutral zu halten – auch bei einem aggressiven Gesprächspartner. Wenn Sie ruhig bleiben und sich jeglicher Aggression enthalten, wird auch er sich verständnisvoller zeigen.

> **Es ist etwas vom Härtesten, was es gibt, dem anderen keine Chance zu geben, böse auf dich zu sein.**

Das ist leicht gesagt, aber wie kann ich meine positive Einstellung behalten, wenn sich der andere mir gegenüber aggressiv und verletzend verhält? Sie finden auf Seite 152 ff. zwei Übungen, mit deren Hilfe Sie sich positiv programmieren können.

Jemand, der einen anderen Standpunkt einnimmt, muss deswegen nicht mein Feind sein. Auch wenn es für mich unangenehm ist, wenn jemand kritisch ist und mir lauthals widerspricht, muss ich ihn deswegen doch nicht als Mensch ablehnen, verachten oder sogar hassen! Der Spruch »Wer nicht für mich ist, ist gegen mich!« ist falsch. Besser ist es, sich zu sagen: »Mein Gegenüber hat zwar eine andere Meinung als ich, aber achtet mich trotzdem.« Es ist wesentlich gewinnbringender, sich mit kritischen Menschen über ein Thema auseinander zu setzen als mit lauter Ja-Sagern. Hier sind wir Europäer gegenüber den Amerikanern im Nachteil. Diese haben eine bessere Streitkultur als wir. Menschen mit anderen Ansichten werden ernst genommen, geschätzt und geachtet.

Ich versuche, eine positive Einstellung zu meinen Zuhörern zu finden, auch wenn sie anderer Meinung sind
- **Ich respektiere Menschen, die anderer Meinung sind, und zeige Ihnen meine Achtung und Wertschätzung (das heißt nicht, dass ich mich ihrer Meinung anschließen muss!).**
- **Ich versuche in jedem Fall, ruhig und beherrscht zu bleiben, selbst wenn ich angegriffen oder unfair behandelt werde (Nur der Ruhige ist stark!).**

Sich in Topform bringen

Sie wissen nun: Beim Reden zeigen Sie sich ganz so, wie Sie sind, sowohl im Allgemeinen als auch Ihre momentane Verfassung. Und Ihre Zuhörer können sofort Ihre Einstellung und Ihre Gefühlslage erkennen. Aber warum ist das so? Die Stimmung des Redners wirkt direkt auf die Zuhörer, da sich Gefühle von Mensch zu Mensch übertragen. Das ist keineswegs mystisch oder esoterisch, sondern mittlerweile wissenschaftlich anerkannt.

Jeder Mensch hat Stimmungsschwankungen. In einem Tief eine Rede zu halten ist riskant. Negative Emotionen haben eine »schließende« und abstoßende Wirkung. Man kann nicht unvoreingenommen und entspannt jemandem zuhören, der schlechte Empfindungen ausstrahlt. Alles, was diese Person sagt, empfängt man als negativ gefärbt. Die Zuhörer spüren, dass etwas nicht in Ordnung ist, und können das sogar auf sich beziehen: »Was hat der Redner gegen uns?« Positive Gefühle hingegen haben eine öffnende, anziehende Wirkung. Man fühlt sich gut, wenn man jemandem zuhört, der von positiven Emotionen dominiert ist und dies ausstrahlt. Alles, was derjenige sagt, wirkt angenehm.

Es ist also unabdingbar, dass Sie versuchen, sich positiv zu stimmen, bevor Sie einen Vortrag halten. Dazu brauchen Sie ein individuelles, persönliches Motivationsprogramm, denn was dem einen hilft, ist nicht unbedingt für den anderen wirksam. Es gibt die unterschiedlichsten Möglichkeiten, ein Stimmungstief abzufangen (mehr zu diesem Thema folgt im Kapitel »Distanz und positive Einstellung«, Seite 142).

Sofortmaßnahmen:
- mit jemandem reden, sich aussprechen (eventuell jemanden anrufen)
- eine Tasse Kaffee trinken gehen
- einen kurzen Spaziergang machen
- an ein bevorstehendes, erfreuliches Ereignis im privaten Bereich denken
- eine Atemübung machen (siehe Kapitel »Übungen«, Seite 149)

Maßnahmen in der Freizeit:
- einen langen Spaziergang machen
- Sport treiben
- lesen
- Musik hören
- gut essen gehen
- sich selbst ein Geschenk machen

Meiden Sie vor einem Vortrag alkoholische Getränke. Alkohol lähmt die Zunge und die Denkfähigkeit. Nehmen Sie vor einem Auftritt keine Tranquilizer oder andere dämpfende oder beruhigende Medikamente ein. Diese würden Ihre Kräfte reduzieren oder gar blockieren. Ich hatte vor vielen Jahren, als ich eine depressive Verstimmung hatte, eine Zeit lang Antidepressiva zu mir genommen. Dann musste ich in Wien auf einer Jahrestagung einen Vortrag vor zweihundertfünfzig Zuhörern halten. Es wurde ein totaler Flop. Ich kam bei den Zuhörern nicht an. Ich spürte, dass ich nicht so stark war, wie ich es sonst von mir gewohnt war. Ich war auf eine merkwürdige Weise nicht ich selbst. Übrigens: Ich hatte auch kein Lampenfieber! Offenbar hatte das Medikament meine Kräfte und auch meine Ängste blockiert. Ich werde dieses Fiasko niemals vergessen. Auf dem Rückflug nach Zürich fühlte ich mich miserabel. Ich habe seither nie wieder solche Medikamente zu mir genommen. Und – obwohl es unangenehm ist – begrüße ich mein Lampenfieber sehr, das im Übrigen in den letzten Jahren eher noch zugenommen hat.

Gesundheitliche Fitness ist Bedingung. Einen kerngesund wirkenden Redner empfindet man als sympathisch und glaubwürdig. Sorgen Sie für genügend Schlaf, damit Sie ausgeruht sind. Wenn Sie es ernst meinen und Ihre Zuhörer wirklich überzeugen und beeindrucken wollen, müssen Sie Ihre ganze Kraft in Ihre Rede hineinlegen. Das ist psychisch *und* physisch anstrengend. Ich bin nach meinen Vorträgen immer nass geschwitzt. Bringen Sie sich also durch ein gezieltes Training und ein »gesundes Leben« auch körperlich in Topform.

Ich bringe mich in Topform und in eine gute Stimmung
- **Vor einem wichtigen Auftritt lebe ich gesund und sorge für genügend Schlaf.**
- **Ich meide Alkohol und Tabletten.**
- **Ich motiviere mich und tue etwas, was mir gut tut.**
- **Ich mache vor Beginn eine Atemübung.**

Das Danach

Nachdem Sie Ihren – hoffentlich starken und lang andauernden Applaus – genossen haben, sind Sie natürlich überglücklich. Und wahrscheinlich immer noch auf eine merkwürdige Weise erregt. Das wird noch eine ganze Weile anhalten.

Es ist wichtig zu wissen, dass man nach einem besonders geglückten Vortrag in einem Zustand ist, der sich oft negativ auswirkt. Man ist irgendwie aufgekratzt und läuft auf Hochtouren. Alles geht einem zu langsam, alle anderen erscheinen einem träge, man verspürt eine merkwürdige Ungeduld und Nervosität. Man hat offenbar, ohne es zu realisieren, eine komische Ausstrahlung, die andere Menschen aggressiv werden lässt. Für einen Anfänger ist so etwas vielleicht unbegreiflich, für erfahrene – und erfolgreiche – Redner, Sänger, Schauspieler und Künstler hingegen ganz normal. Mick Jagger hat in einem Interview einmal gesagt, er könne nach einem Auftritt nicht in ein Lokal gehen, sonst gäbe es eine Schlägerei.

Ich hatte nach einem sehr erfolgreichen Vortrag ein Erlebnis mit einem Taxifahrer, das ich nie vergessen werde. Ohne vorher zu fragen, ob ich vorn sitzen dürfe (ich sitze sehr ungern hinten, weil mir da oft schlecht wird), setzte ich mich einfach neben ihn und sagte ihm, wohin ich wollte. Es war mir in dem Moment nicht bewusst, dass dieses Verhalten nicht sehr höflich war. Zu sehr schwebte ich noch auf der rosa Wolke des soeben erlebten großen Erfolgs. Im Taxi lief das Radio ziemlich laut. Ich bat den Fahrer, es etwas leiser zu stellen. Er stellte das Radio ab. Jetzt hatte ich das Gefühl, mich etwas schroff verhalten zu haben, und entschuldigte mich dafür. Da sagte er zu mir: »Das Radio ist abgestellt und ich rede jetzt nicht mehr mit Ihnen!« Ich erschrak und versuchte mit ihm ins Gespräch zu kommen, denn die Sache war mir äußerst peinlich, aber er sagte auf der ganzen Fahrt kein Wort mehr. Als wir am Ziel ankamen, fragte ich ihn, wie viel es koste. Da schrieb er den Betrag auf einen Zettel und hielt ihn mir unter die Nase. Ich hatte es geschafft, mit meinem Vortrag fünfhundert anfänglich sehr kritische Zuhörer zu begeistern, aber zehn Minuten danach konnte ich nicht einmal mit einem ganz normalen Taxifahrer vernünftig kommunizieren!

Meine Familie kennt das. Meine Frau und meine Tochter wissen ganz genau, dass ich ungenießbar bin, wenn ich nach einem Vortrag nach Hause komme, und lassen mich erst einmal in Ruhe.

Niemand kann diese merkwürdige Abfolge von so starken Gefühlen erklären: zuerst das Lampenfieber, dann das gute Gefühl während des Vortrags, das Glücksgefühl während und nach dem Applaus und schließlich zum Schluss diese Widerborstigkeit und dieses Aufgekratztsein. Man hat jedoch keine andere Wahl, als dieses Phänomen zu akzeptieren. Irgendwie reagiert man sich dann schon wieder ab und am nächsten Tag ist man Gott sei Dank wieder völlig normal.

- **Nach einem erfolgreichen Auftritt, wenn ich ungeduldig und aufgekratzt bin und auf Hochtouren laufe, verhalte ich mich anderen Menschen gegenüber eher vorsichtig und zurückhaltend.**
- **Ich ziehe mich für eine Weile zurück, um keine Unannehmlichkeiten zu riskieren.**

Teil III
Was außerdem wichtig ist

In diesem letzten Teil des Breviers finden Sie weitere wichtige Hinweise, die Sie als Redner zum Erfolg führen. Auch diese Anregungen werden nicht zu einer Verfremdung Ihrer Persönlichkeit führen. Sie wissen ja: Meine Linie ist die strikte Wahrung der Authentizität. Ein Redner, der die »Masche« eines anderen übernimmt, wirkt künstlich und damit unglaubwürdig. Sie können nur auf Ihre Weise erfolgreich sein. Je strikter Sie sich selbst treu bleiben, desto stärker wirken Sie als Persönlichkeit und desto eher werden Sie zu einer Marke.

Worauf Sie im Vorfeld achten sollten

Ton, Licht und Belüftung

Verlangen Sie schon bei der Auftragserteilung ein Ansteckmikrofon, damit Sie beim Reden beide Hände frei haben. Sie könnten sonst nur mit einem Arm gestikulieren, und das wirkt unvorteilhaft. Während eines längeren Vortrags dauernd ein Mikrofon halten zu müssen, ist außerdem anstrengend.

Noch besser als ein Ansteckmikrofon ist ein »Headset«, das man sich – wie der Name schon sagt – auf den Kopf setzt. Das Mikrofon befindet sich an einem Bügel genau vor dem Mund. Das mag am Anfang etwas stören, weil es sichtbar ist, aber die weitaus bessere Tonqualität versöhnt Sie bald mit diesem kleinen Nachteil. Mit einem Headset können Sie die Lautstärke von ganz laut bis zum Flüsterton variieren, man hört Sie immer perfekt.

Unabdingbar ist ein Soundcheck. Dazu müssen Sie früh genug erscheinen, um im noch leeren Saal eine Tonprobe durchführen zu können. Stellen Sie sich dem Tontechniker vor, er ist während Ihres Vortrags Ihr wichtigster Mann! Wenn Sie ihn persönlich darum bitten, während der ganzen Zeit auf gute Hörbarkeit und Verständlichkeit zu achten und Störgeräusche zu vermeiden, haben Sie eine bessere Chance, dass er gewissenhaft darauf achtet.

Ich verbrachte bei einem großen zweitägigen, alljährlich stattfindenden Kongress, an dem jeweils bis zu tausend Personen teilnehmen, den ersten Tag als Zuhörer. Am zweiten Tag sollte ich als der erste Referent morgens meinen Vortrag halten. Als Zuhörer fiel mir auf, dass man die Redner nur sehr schlecht verstehen konnte. Die Lautstärke war für den riesigen Saal viel zu schwach eingestellt und die Stimmen kamen nur sehr undeutlich herüber. Neben der Bühne waren zwei junge Techniker platziert, die an einer großen Anlage manipulierten. Ich sagte ihnen in der Pause, dass die Tonqualität ungenügend sei. »Wir können nichts machen!«, war ihre Antwort. Am nächsten Morgen, nachdem ich als Redner angekündigt worden war, fragte ich das Publikum von der Bühne herunter: »Kann man mich gut hören?« Ich zeigte dabei auf die Zuhörer, die ganz hinten im Saal saßen. Sie schüttelten den Kopf. »Bitte mehr Saft!«, rief ich den Technikern zu. Dann fragte ich noch einmal: »Können Sie mich jetzt hören?« Ich merkte selbst, dass es immer noch zu schwach war, und die Leute schüttelten auch wieder den Kopf. Ich sagte: »Bitte noch mehr Saft, aber bitte richtig!« Daraufhin nickten die hintersten Zuhörer mit dem Kopf, als ich zum dritten Mal fragte, ob man mich verstehen könne. »Sehen Sie, es geht doch!«, rief ich den Technikern von der Bühne her zu. Die Zuhörer lachten. Daraufhin fragte ich sie: »Kennen Sie die Geschichte von der Hummel?« Als sie verneinten, erzählte ich sie: »Die Hummel wurde wissenschaftlich untersucht und man kam zu der Schlussfolgerung, dass sie nicht fliegen könne, da der Körper viel zu groß und zu schwer sei und die Flügel viel zu klein. Aber sie fliegt trotzdem!«, schloss ich lachend. Die Zuhörer lachten ebenfalls. Ich hatte das Tonproblem gelöst – für mich und auch für die nachfolgenden Redner – und eine positive Stimmung geschaffen. Ich bekam übrigens hinterher von den Zuhörern dieses Kongresses die beste schriftliche Beurteilung aller Referenten. Der lustige Anfang und die bessere Tonqualität hatten sicher zu diesem Erfolg beigetragen.

Die Beleuchtung ist ebenfalls oft ein Problem. Es hat sich die Gewohnheit eingeschlichen, das Licht sofort sehr stark zu dämpfen, sobald Folien oder PowerPoint-Slides gezeigt werden. So können Sie die Gesichter der Zuhörer aber nicht mehr richtig sehen und somit nicht mehr nonverbal mit ihnen kommunizieren (mehr dazu in dem Kapitel »Blickkontakt mit den Zuhörern«, Seite 123). Sie stehen ganz verloren da vorn und schauen in ein schwarzes Loch. Ich kann so nicht arbeiten.

Moderne Beamer haben eine derart starke Helligkeit, dass man das Licht im Saal nur sehr wenig oder fast gar nicht mehr dämpfen muss. Reden Sie mit dem Techniker und verlangen Sie, dass die Beleuchtung im Saal hell genug ist, während Sie reden. Es kann Ihnen egal sein, was bei anderen Vorträgen üblich ist. Wenn andere Referenten das Licht gedämpft haben wollen, soll es so sein, aber nicht bei Ihnen! Es ist *Ihr* Vortrag und Sie haben das Recht, die Bedingungen zu stellen, die *Sie* haben wollen!

Ein weiteres Problem kann die Belüftung sein. Im Sommer rufe ich einige Tage vor meinem Auftritt den jeweiligen Veranstalter an und erkundige mich, ob eine Klimaanlage vorhanden ist. Wenn ja (was ich natürlich hoffe), frage ich, ob man den Saal nicht schon in der Nacht vorher herunterkühlen könne, denn niemand – weder Sie noch Ihre Zuhörer – kann sich bei großer Hitze lange konzentrieren. Ich verlange immer eine Temperatur von maximal zwanzig, lieber nur achtzehn Grad, da der Saal durch die Körpertemperatur der vielen Menschen ohnehin aufgeheizt wird.

Während einer Tagung bei einer der weltgrößten Versicherungsgesellschaften fiel mir auf, dass stickige Luft herrschte und die Zuhörer deswegen einzuschlafen drohten. Auch ich fühlte mich sehr unwohl und bekam fast keine Luft. In der Pause fragte ich den für meine Betreuung Zuständigen, ob es denn keine Belüftung gäbe, und erhielt die Antwort: »Wir kennen das Problem! Hier ist es immer stickig, das kann man leider nicht ändern!« Daraufhin fragte ich einen Tagungsteilnehmer, der bei dieser Versicherungsgesellschaft arbeitete, wo der Schalter für die Belüftung sei. Er zeigte ihn mir und wir stellten fest, dass die Lüftung nicht eingeschaltet war! Ich drehte den Schalter auf »on« und das Problem war gelöst. Solche und ähnliche Erfahrungen habe ich schon mehrmals machen müssen – unglaublich, aber wahr.

Ich könnte Ihnen noch viele schlimme Erlebnisse erzählen, die ich mit Technikern und Hausmeistern hatte. Manche davon waren Alpträume. Es ist nicht zu fassen, wie wenig sich diese Leute oft um die Voraussetzungen kümmern, die einfach gegeben sein müssen, damit sich die Zuhörer und auch die Referenten wohl fühlen. Mit der Zeit werden Sie wahrscheinlich – so wie ich – ganz hartnäckig um eine gute Tonwiedergabe, helles Licht und ausreichende Belüftung kämpfen. Beharren Sie ruhig auf Ihren Forderungen, selbst wenn Sie damit riskieren, für stur und unnachgiebig gehalten zu werden. Es geht schließlich um Sie und um Ihren Erfolg! Selbstverständlich durfte ich auch zahlreiche positive Erfahrungen mit der Technik und dem Betreuungspersonal machen. Gerade kürzlich wurde mir auf einer Tagung jeder Wunsch geradezu von den Lippen abgelesen. Ich wurde mit einer derartigen Zuvorkommenheit und Herzlichkeit behandelt, dass ich anschließend dem Veranstalter einen Dankesbrief schrieb.

Es lohnt sich, möglichst frühzeitig am Tagungsort zu erscheinen, um selbst nach dem Rechten sehen zu können. Auch wenn man Ihnen versichert, man werde alles nach Ihrem Wunsch organisieren. Seien Sie skeptisch. Sie können nur dann ganz sicher sein, dass alles klappt, wenn Sie persönlich alles inspizieren. Ich versuche wenn möglich schon einen Tag vorher die Leute zu sprechen, die für den Saal zuständig sind, in dem ich referiere.

Ich kümmere mich selbst um die Technik
- **Ich erkundige mich persönlich bei den zuständigen Personen nach Ton, Licht, Saaltemperatur und Belüftung.**
- **Ich bitte um ein Ansteckmikrofon (eventuell Headset) und vereinbare einen Soundcheck.**
- **Ich verlange, dass das Licht auf hell eingestellt wird.**
- **Ich erkundige mich, ob die Belüftung eingeschaltet und wo der entsprechende Schalter ist.**

Was Ihnen sonst noch zusteht

Meistens kümmert man sich sehr um mein Wohl. Man fragt mich, ob ich einen Kaffee oder ein Glas Wasser möchte, erkundigt sich, wie ich die Bühne gern eingerichtet hätte, wie die Bestuhlung sein soll etc. Es kann aber auch anders sein. Ich habe schon erlebt, dass ich mich selbst um jedes Detail kümmern musste. Wenn ich ein Flipchart benutze, bringe ich sicherheitshalber eigene Filzstifte mit. Zu oft musste ich schon feststellen, dass die vorhandenen Stifte eingetrocknet waren. Es ist besser, selbst dafür zu sorgen, dass man alles bekommt, was man braucht, und dass alles so ist, wie man es sich wünscht.

Ein Rednerpult benütze ich nie. Auch wenn bei einer Tagung oder einem Symposium mehrere Referate gehalten werden und die Bühneneinrichtung für alle gleich ist, gehe ich meistens vom Rednerpult weg und halte mich ganz vorn auf der Bühne oder sogar vor der Bühne auf. Ich will einen möglichst direkten Kontakt mit dem Publikum haben. Sehr häufig bewege ich mich während des Vortrags ins Publikum hinein, gehe auf Zuhörer zu und fasse einzelne sogar mal an. Ich kenne nicht viele Redner, die das tun. Wenn Sie so etwas nie im Leben machen würden oder gern hinter einem Rednerpult stehen, weil es Ihnen ein Gefühl der Sicherheit gibt, ist das in Ordnung. Tun Sie das, was Sie gewohnt sind.

Richten Sie sich so ein, wie Sie es als angenehm empfinden, und scheuen Sie sich nicht, Ihre Ansprüche geltend zu machen, bevor Sie mit Ihrer Rede beginnen. Nachher ist es zu spät. Wenn irgendetwas nicht stimmt, kann Sie das erheblich stören, zum Beispiel wenn der Computer zu weit weg ist, um das PowerPoint-Programm bedienen zu können. Ideal platziert ist der Computer vor Ihnen, leicht nach unten versetzt. So können Sie auf den Bildschirm schauen und gleichzeitig Blickkontakt mit dem Publikum halten.

Ganz wichtig ist ein Glas Wasser in Reichweite. Viele Redner bekommen einen trockenen Mund beim Reden. Das ist unangenehm. Scheuen Sie sich nicht, ab und zu einen Schluck Wasser zu sich nehmen. Die Zuhörer haben durchaus Verständnis dafür.

Ich bitte auch immer darum, dass man mich als Redner ankündigt und vorstellt, denn das selbst zu tun finde ich peinlich. Falls der Veranstalter dies nicht übernehmen will, suche ich mir jemand anderen und drücke ihm einen Zettel mit ein paar Stichworten zu meiner Vita in die Hand. So kann derjenige nebst den beruflichen und fachlichen Angaben einige persönliche Dinge über mich sagen. Die Zuhörer sind neugierig, sie wollen wissen, was das für ein Mensch ist, der da gleich reden wird, wie er denkt und fühlt, wie er lebt. Diese Neugier sollten Sie ein Stück weit befriedigen. Die Person, die Sie ankündigt, sollte ein bisschen über Ihren Lebenslauf und Ihre jetzige geschäftliche und private Situation erzählen, zum Beispiel ob Sie verheiratet sind und Kinder haben, wenn ja, in welchem Alter, was für Hobbys Sie betreiben usw. Das gibt Ihnen einen Vertrauensvorschuss und schafft eine gute Stimmung.

Ebenfalls erwarte ich, dass man mich nach meinem Vortrag mit Dank verabschiedet. Ich habe mir schließlich große Mühe gegeben und meine, dass ich das verdiene.

> **Ich sorge selbst für mein Wohlbefinden**
> - Ich bitte darum, die Einrichtung der Bühne so zu gestalten, wie ich es wünsche.
> - Ich bitte um ein Glas Wasser.
> - Ich bitte eine anwesende Person, mich anzukündigen, vorzustellen und nach der Rede zu verabschieden.

Sonderfall Teleprompter

Sie haben vielleicht auch schon gestaunt, wenn Politiker oder Moderatoren im Fernsehen völlig unbeschwert und lange reden oder komplizierte Sachverhalte fehlerfrei wiedergeben, ohne einen einzigen Augenblick von der Kamera wegzuschauen. Dann ist in aller Regel ein Teleprompter im Einsatz, ein Gerät mit einem Bildschirm, auf dem fortlaufend der zu sprechende Text erscheint.

Stellen Sie sich eine Art Fernsehapparat vor,

der im Abstand von etwa zwei Metern und mit dem Bildschirm nach oben vor Ihnen am Boden liegt. Seitlich am Apparat ist eine dünne Stange angebracht, an der in Augenhöhe eine circa zwanzig mal fünfundzwanzig Zentimeter große, schräg gestellte Glasscheibe befestigt ist. Auf diese Scheibe wird der vorher einprogrammierte Text projiziert. Während Sie nun diesen Text ablesen, meinen die Zuschauer dahinter, dass Sie sie anschauen, denn die dünne Stange ist kaum und die Glasscheibe überhaupt nicht zu sehen. Und den Text sehen nur Sie.

Die Schrift auf dem Bildschirm kann in der Größe variiert werden, daraus ergibt sich die Anzahl der Zeilen. Normal sind vier bis sechs Zeilen. Langsam rutscht der Text nach oben, während unten neuer nachkommt. Das Tempo kann ebenfalls angepasst werden, allerdings nur vom Operator, nicht vom Referenten.

So ein Teleprompter ist schon eine tolle Sache! Sie brauchen keine Angst mehr zu haben, stecken zu bleiben. Es ist auch nicht mehr nötig, auf das Manuskript zu schauen. Die Sache hat dennoch einen Haken: Durch den Einsatz des Teleprompters werden Sie wieder zurückgeworfen ins Zeitalter des Ablesens. Eine Rede mithilfe des Teleprompters ist keine wirkliche Rede, sondern eine »Lese«! Es ist bei dieser Vortragsweise keine echte Kommunikation möglich. Sie können nicht gleichzeitig den Text ablesen und für Rückmeldungen der Zuschauer »auf Empfang sein«. Es ist Ihnen vielleicht schon aufgefallen, dass Redner im Fernsehen manchmal einen »gläsernen

Blick« haben. Sie schauen einen an und doch nicht. Das bewirkt der Teleprompter.

Der Teleprompter ist sicher sehr geeignet, wenn es auf jedes Wort ankommt, zum Beispiel anlässlich der Generalversammlung einer Aktiengesellschaft, wenn der Präsident seine Rede hält, die anschließend in den Medien wiedergegeben wird. Bei solchen Großveranstaltungen sind zwei Teleprompter ideal, einer rechts und einer links. So kann der Redner abwechselnd mal auf den einen und den anderen schauen. Dahinter befindet sich jeweils die rechte oder linke Hälfte des Publikums.

Bei Einsatz eines Teleprompters lohnt es sich, eine Generalprobe zu machen. Die Scheibe muss in Höhe und Neigung so eingestellt sein, dass es für Sie passt. Der Text muss bereits jetzt in der Endfassung (!) einprogrammiert sein, da ein Abändern kompliziert und zeitaufwändig ist. Sprechen Sie die ganze Rede mindestens einmal durch und achten Sie auf Intonation, Modulation und Körpersprache. Versuchen Sie so lebendig wie möglich zu wirken. Wechseln Sie bei Verwendung von zwei Teleprompternn nicht zu schnell die Blickrichtung. Bleiben Sie lang genug auf jeweils einer Seite, sodass die Zuhörer den Eindruck bekommen, dass Sie sie wahrnehmen.

Achten Sie bei der Formulierung Ihrer Rede auf den Unterschied zwischen dem geschriebenen und dem gesprochenen Wort. Wenn eine Rede schriftlich Wort für Wort verfasst wird, ist sie schwierig vorzutragen und für die Zuhörer schlecht verständlich. Schwierige Wörter können sich als Zungenbrecher erweisen. Ich bekomme oft fertig ausgearbeitete Reden zur letzten Überarbeitung vorgelegt und gehe dann »mit der Stahlbürste« darüber, um den Text redefreudig und verständlich zu machen. Häufig stelle ich ganze Sätze um, mache aus langen Sätzen kurze, tausche schwierige Wörter gegen einfachere aus und versuche generell, die Sprache zu vereinfachen. Von Fall zu Fall ändere ich den Text vom Imperfekt ins Perfekt. Das ist in der Schweiz – und in Bayern – besonders wichtig, da das Imperfekt hier gar nicht oder kaum verwendet wird. Man sagt nicht: »Das *war* schön«, sondern: »Das *isch* schön *g'sii*« (»Das ist schön gewesen«). Und ich achte darauf, dass am Schluss etwas Positives kommt. Nach all diesen Änderungen klingt der Text viel natürlicher. Vergleichen Sie selbst:

Geschriebenes Wort:

»Die Marketingaktivitäten litten – mit Ausnahme des langsam, aber dafür Zug um Zug effizienter werdenden Sales Support Portfolios – stark unter den zunehmend unübersichtlich und unberechenbar gewordenen komplexen Einflussfaktoren der allgemein sich negativ entwickelnden Gesamtsituation, was sich explosionsartig ausbreitete.«

Gesprochenes Wort:

»Die Gesamtsituation hat sich negativ entwickelt. Die Einflussfaktoren sind zunehmend komplexer, unübersichtlich und unberechenbar geworden. Das hat sich explosionsartig ausgebreitet. Darunter haben die Marketingaktivitäten gelitten. Einzig das Sales Support Portfolio ist Zug um Zug effizienter geworden.«

Der Einsatz des Teleprompters ist sicher nur wenigen Rednern vorbehalten und wird die Ausnahme bleiben. Darüber bin ich froh, denn sonst wäre es unsinnig, sich zu einem guten Redner entwickeln zu wollen, der immer öfter frei redet und sich ganz seinen Zuhörern zuwendet.

Bei Verwendung eines Teleprompters mache ich immer eine Generalprobe
- **Ich sorge dafür, dass der Text vorher fix und fertig und vor allem leicht verständlich ist.**
- **Ich stelle die Glasscheibe so ein, dass Höhe und Neigung für mich passen.**
- **Ich spreche bei einer Hauptprobe meine Rede mindestens einmal ganz durch und achte auf gute Intonation, Modulation und lebendige Körpersprache.**

Der Anfang vor dem Anfang

Selbstverständlich bereite ich immer eine Einleitung vor (siehe Kapitel »Strukturieren der Rede«, Seite 34). Trotzdem weiß ich nie, wie ich beginnen soll. Ich überlege mir das meistens erst kurz vor Beginn und lasse mich dabei ganz von meinem Gefühl leiten. Ich überlege, was vor dem Vortrag so passiert ist und was ich bei der Vorbereitung erlebt habe. Eine formelle Anrede wie zum Beispiel »Meine sehr verehrten Damen und Herren!« mache ich fast nie. Bei offiziellen Anlässen und politischen Reden ist dies üblich, doch wo ich – und wahrscheinlich auch Sie – auftreten, ist es nicht Bedingung. Ich fange einfach zu reden an. Meistens greife ich etwas auf, was mich vorher beschäftigt hat. Das kann etwas ganz Persönliches sein oder etwas, was mit den Zuhörern zusammenhängt.

Einmal sollte ich einen Vortrag auf einer Kundentagung halten, die eine schweizerische Regionalbank alljährlich veranstaltet. Man sagte mir, dass man um die zweihundert Personen erwarte. Es kamen aber dreihundertfünfzig, also fast doppelt so viele. Glücklicherweise war der Saal sehr groß und hatte außerdem eine Galerie, auf die die Zuhörer ausweichen konnten. Der Geschäftsführer stellte mich vor und erwähnte, dass diese hohe Besucherzahl ein absoluter Rekord sei, was daran liege, dass ich so prominent sei. Ich war derart verlegen, dass ich nicht wusste, wie ich beginnen sollte – und das war dann auch mein Einstieg: »Ich bin so beeindruckt, dass Sie in so großer Zahl erschienen sind! Ich weiß gar nicht, wie ich anfangen soll!« Da schauten mich die Zuhörer zwar erstaunt an, schmunzelten aber. Später stand dann in den Lokalzeitungen, die über meinen Vortrag berichteten: »Harry Holzheu wusste nicht, wie er seinen Vortrag beginnen sollte!« Na und? Ich hatte eine gute Stimmung erzielt und die Zeitungsberichte waren im Übrigen äußerst wohlwollend. Die Bemerkung über meine Verlegenheitsäußerung zu Beginn war zwar leicht zynisch, aber auch lustig.

Bei einer Vertriebstagung eines Autoherstellers war ich nicht sicher, ob ich von der Marke wirklich begeistert war: Es handelt sich um Autos, die eher für den täglichen Gebrauch bestimmt sind – ich bin aber begeisterter Fahrer eines Sportwagens. Ich stellte mir die Händler auch nicht als große Spezialisten vor, sondern eher als bescheidene Leute. Als ich nun vor den zweihundertfünfzig Teilnehmern stand – das waren alle Händler der Schweiz – und sie mich unternehmungslustig anlachten, sagte ich spontan: »Ach, Sie sind nun also diese Schweizer Händler! Ich habe Sie mir viel schlimmer vorgestellt!« Da gab es großes Gelächter und ich hatte einen fulminanten Start für meine Rede.

Ich scheue mich auch nie, meine momentane Befindlichkeit auszudrücken. Einen Tag nachdem in einer Stadt in der Nähe von Zürich mehrere Politiker von einem Amokläufer erschossen worden waren, musste ich bei einer Großveranstaltung einen Vortrag halten. Ich war noch total schockiert von dem entsetzlichen Verbrechen und sagte zu Beginn: »Eigentlich müsste ich jetzt eine Motivationsrede halten, aber ich bin immer noch zutiefst bedrückt und entsetzt wegen dieses schlimmen Ereignisses gestern, es lässt mich nicht los«, und redete mehrere Minuten über die

Morde. Dann sagte ich: »Jetzt fühle ich mich etwas besser, ich glaube, ich kann jetzt beginnen.« Nach meinem Vortrag kamen mehrere Zuhörer auf mich zu und dankten mir dafür, dass ich den furchtbaren Vorfall erwähnt hatte. Ihr Herz sei auch immer noch bei den Hinterbliebenen dieser Opfer gewesen und sie hätten Mühe gehabt, sich zu konzentrieren.

Das ist, was ich unter Authentizität verstehe. Wenn mein Herz noch nicht bei der Sache ist, über die ich reden soll, sage ich das. Damit öffne ich mich gegenüber den Zuhörern und spreche ihr Mitgefühl an. Dann fühle ich mich von ihnen verstanden und getragen und kann viel besser arbeiten. Ich versuche auch immer, dass ich bei einer Tagung schon als Zuhörer dabei sein kann, bevor ich als Redner an die Reihe komme. Meistens beginne ich dann, indem ich etwas erwähne, was mich in einem vorherigen Beitrag beeindruckt hat. Oder ich erwähne etwas, was mir an der Gegend, dem Gebäude, dem Unternehmen oder den Zuhörern positiv aufgefallen ist. Die Zuhörer sind neugierig zu erfahren, was einem »Fremden«, der von außen kommt, besonders gefällt. Dabei mache ich jedoch niemals falsche Komplimente.

Ich mache gegebenenfalls einen »Anfang vor dem Anfang«
- Wie ist meine momentane Befindlichkeit?
- Gibt es etwas, was mich gerade besonders stark beschäftigt?
- Ist mir im Zusammenhang mit der Gegend, dem Unternehmen, dem Gebäude oder den Zuhörern etwas Positives aufgefallen?
- Wurde vorher etwas gesagt, das mich stark beeindruckt hat?

Zu Beginn »Freunde« suchen

Sie schaffen es nicht allein. Ihre Kraft reicht niemals aus, um eine große Zahl von Menschen zu gewinnen und in Begeisterung zu versetzen. Sie sind nur dann stark, wenn Sie sich an die Zuhörer anschließen können, wenn deren Energie durch Sie hindurchströmt und Sie erfüllt. Deshalb ist es wichtig, dass schon zu Beginn zumindest der Großteil des Publikums positiv eingestellt ist. Das strahlt außerdem auf all diejenigen aus, die vielleicht noch skeptisch oder abwehrend sind. Umgekehrt ist es genauso: Sind die meisten Zuhörer von vornherein übel gelaunt oder missgestimmt, aus welchen Gründen auch immer, strahlt das negative Energie aus, die Sie als Redner hemmt oder gar blockiert.

Die Kräfte der Zuhörer entwickeln bald nach Beginn Ihres Referats ein Eigenleben. Sie beginnen sich in einer Spirale zu drehen. Entweder geht diese Spirale aufwärts, dann sind Sie gerettet, oder sie geht abwärts, dann wird es sehr schwierig. Es ist ein Trugschluss zu denken, dass Sie allein mit Ihrer rhetorischen Eloquenz die Zuhörer mitreißen und begeistern können. Wirklich erfolgreiche Redner verstehen es, sehr bald die Gunst ihrer Zuhörer zu gewinnen und deren Energien zu aktivieren. Je größer die Gruppe ist, desto machtvoller werden diese Kräfte. Das ist die gewaltige Macht der Rhetorik.

Es ist von ausschlaggebender Bedeutung, dass Sie sobald wie möglich diese positiven Kräfte suchen, wecken und sich sichern. Das geht nur, indem Sie von Anfang an einzelne, offensichtlich positiv gestimmte Zuhörer anschauen, um sie für sich zu gewinnen. Dann versuchen Sie diesen Kreis von »Freunden« allmählich zu erweitern.

Der unerfahrene Redner steht angstvoll vor der Gruppe. Sein Lampenfieber macht ihm sehr zu schaffen und er fühlt sich schlecht. Er schaut angstvoll in die Runde und prüft, ob es jemanden gibt, der deutlich sein Missfallen ausdrückt und ihm mit seinem Gesichtsausdruck mitteilt, dass er ungern hier ist. Jetzt fühlt sich der Redner noch schlechter. Qualvoll fängt er zu reden an und schaut dabei ins Publikum, ob es weitere Zuhörer gibt, die gelangweilte und desinteressierte

Gesichter machen. Vielleicht gibt es sogar einen, der deutlich signalisiert, dass er nicht einverstanden ist mit dem, was er gerade gehört hat. Jetzt ist der Redner verzweifelt.

Machen Sie es anders: Schauen Sie in die Runde und suchen Sie einen Zuhörer, der deutlich zum Ausdruck bringt, dass er gern hier ist. Ich hoffe, Sie finden mindestens *einen*. Wenn Sie sich dessen nicht im Voraus sicher sind, bringen Sie jemanden mit! Das ist ganz ernst gemeint: Als ich als frisch gebackener Verkäufer damit anfing, Verkaufspräsentationen zu machen, ging ich nie allein zu den Kunden, wir waren immer zu zweit oder zu dritt. Die Kollegen hatten eine einzige Aufgabe: sich ganz vorn hinzusetzen und mir per Körpersprache »Power« zu geben.

In der Praxis ist es so, dass man fast immer jemanden findet, der offensichtlich Wohlbefinden ausstrahlt. Oft rede ich vor meinem Auftritt mit einzelnen Zuhörern. Dann kann ich vor Beginn meiner Rede einem davon zulächeln. Der lächelt zurück. Und das gibt mir Kraft für den Start.

Reden Sie eine Zeit lang zu einer solchen einzelnen Person, bis sie Ihnen genügend positive Rückmeldungen gibt. Dieses nonverbale Feedback ist sehr wichtig, wie Sie im nächsten Kapitel lesen können.

Dann suchen Sie sich einen zweiten und dritten »Freund«. Das geht immer weiter, bis alle Zuhörer Ihre »Freunde« sind. Ja wirklich, ich mache es genauso. Ich setze mir zum Ziel, die Gunst sämtlicher Zuhörer zu gewinnen. Es ist mir ein ehrliches Anliegen, dass mich alle möglichst gern haben. Das kann ich aber nur erwarten, wenn ich meinerseits die Zuhörer mag.

Ein mit mir befreundeter, sehr erfolgreicher Fernsehmoderator spricht vor jeder Sendung über eine halbe Stunde zum bereits anwesenden Publikum, zwischen hundertfünfzig und zweihundert Menschen, um dessen Gunst zu gewinnen und um nachher – wenn die Sendung läuft – von der Kraft der Zuschauer im Studio erfüllt und getragen zu sein. Das ist eines der Geheimnisse seines großen Erfolgs. Er hat seit Jahren traumhaft hohe Einschaltquoten.

Sie werden nicht immer alle Zuhörer für sich gewinnen können. Ein paar werden Ihnen weniger wohl gesinnt sein, trotz Ihrer Bemühungen (oder vielleicht gerade deswegen). Wenn Sie jedoch von fünfundneunzig bis achtundneunzig Prozent der Zuhörer akzeptiert und getragen werden, gibt Ihnen das ein großartiges Gefühl, das Sie stark macht und Ihnen den Erfolg sichert.

- **Bevor ich zu reden beginne, suche ich mir einen »Freund«.**
- **Ich rede lange genug nur mit ihm, bis er mir positive Rückmeldungen gibt.**
- **Dann suche ich weitere »Freunde«, bis alle meine »Freunde« sind.**
- **Ich lasse die Kraft der Zuhörer in mich hinein- und durch mich hindurchströmen.**

Blickkontakt mit den Zuhörern

Ich habe es bereits erwähnt: Sie werden als Redner nicht erfolgreich sein, wenn Sie Ihre Zuhörer ignorieren und einfach nur PowerPoint-Folien zeigen und kommentieren oder ein fertig ausformuliertes Manuskript ablesen. In beiden Fällen fühlen sich die Zuhörer nicht angesprochen, verlieren das Interesse an Ihren Ausführungen, weil ihnen ihr Unbewusstes zuflüstert: »Ich bin ja gar nicht persönlich gemeint. Es geht eigentlich nicht mich an, sondern ganz andere Leute, wahrscheinlich sogar welche, die nicht einmal anwesend sind!« Der einzige Weg zu einer erfolgreichen Überzeugungsrede ist die *wirkliche Kommunikation*. Das vorher geschilderte Vorgehen ist lediglich *Information*. Die Leute können zuhören oder auch nicht, ganz wie sie wollen. Mancher Zuhörer wird es dann vorziehen, sein verpasstes Mittagsschläfchen nachzuholen.

Was heißt Kommunikation im Kontext der Rede und des Vortrags? Verbal befinden Sie sich in einer Monologsituation: Sie reden und die anderen hören Ihnen zu, sind regelrecht zum Schweigen verdammt. Oder würden Sie es schätzen, wenn die Zuhörer ebenfalls reden würden? Sicherlich nicht. Sie führen also einen Monolog. Verbal, ja. Aber nonverbal sollten Sie von Anfang an in den Dialog gehen. Wie geht das?

Sie fangen genau so an, wie im vorherigen Kapitel beschrieben. Damit sind Sie bereits im *non-*

verbalen Dialog. Ein oder mehrere Zuhörer kommunizieren bereits mit Ihnen, wenn sie Ihnen zulächeln, leicht mit dem Kopf nicken und Ihnen andere nonverbale Signale senden zu dem, was Sie gerade gesagt haben. Das müssen Sie nun weiterführen. Sie reden immer zu einer einzelnen Person, und zwar so lange, bis diese reagiert. Sie halten Blickkontakt, bis sie quittiert, dass sie mitbekommen und verstanden hat, was Sie gesagt haben. Darauf müssen Sie beharren. Geben Sie nicht auf, wenn das vielleicht am Anfang noch nicht so richtig klappen will, denn man beobachtet Sie genau. Die Zuhörer bekommen sehr schnell mit, wie Sie arbeiten. »Aha, der will wissen, was ich denke!«, sagt ihnen ihre innere Stimme. Fehlt der Blickkontakt, flüstert sie ihnen das Gegenteil zu: »Dem ist völlig wurscht, was ich denke!«

Es ist eigentlich ganz einfach:

1. jemanden anschauen,
2. etwas sagen,
3. nichts mehr sagen,
4. Bestätigung einholen.
5. Jemand anderen anschauen,
6. wieder etwas sagen,
7. nichts mehr sagen,
8. erneut Bestätigung einholen
usw.

Stellen Sie sich vor, Sie haben einen Holz- oder Metallblock mit einer Nadel vor sich. Sie kennen das sicher aus Gaststätten: Eine Bestellung wird in die Kasse eingetippt und der Bon an die Getränketheke oder in die Küche weitergereicht. Sobald das Getränk oder das Essen auf dem Weg zum Gast ist, wird der Bon auf die erwähnte Nadel gespießt. Sie machen es genauso: Jedes Mal holen Sie sich von einem Zuhörer einen Bon beziehungsweise Beleg und spießen ihn auf die Nadel. Am Schluss Ihrer Rede ist die Nadel voll!

Wenn Sie über die Köpfe der Leute hinweg reden, wirken Sie pastoral und einschläfernd. Niemand fühlt sich angesprochen. So können Sie niemanden überzeugen. Wenn Sie einen Zuhörer anschauen, wird er sich ganz persönlich angesprochen fühlen. Sie werden sofort spüren, dass da etwas in ihm anspringt, dass sich »in seinem Kopf Rädchen zu drehen beginnen«. Das ist ein ganz besonderes Gefühl, das ich gar nicht richtig beschreiben kann. Es ist, als würde ich bei den Zuhörern – und zwar bei einem nach dem anderen – einen Motor starten, bis schließlich alle auf Hochtouren laufen. Darum verlange ich immer, dass es hell genug ist.

Wenn Sie ebenso vorgehen, werden Sie mit Ihren Reden und Vorträgen Spuren hinterlassen, die nicht so bald verwischen. Ihre Auftritte werden eine Tiefen- und Langzeitwirkung erhalten, die weit über das Normale hinausgeht. So erlebe ich das. Bei einem Auftritt vor fünfhundert Personen kam ein Teilnehmer in der Pause auf mich zu und sagte mir, dass er mich bereits früher einmal, vor mindestens zwanzig Jahren, erlebt habe, und meinte: »Was Sie damals gesagt haben, habe ich zwar vergessen, aber es war gut!«

Achtung: Es gibt zwei Ausnahmen, in denen kein Blickkontakt sein darf:

1. **Wenn Sie etwas Negatives sagen müssen.** Ich habe zwar erwähnt, dass man in einer Überzeugungsrede eigentlich nichts Negatives sagen soll. Wenn man es trotzdem tun muss, darf man dabei niemanden anschauen, denn sonst könnte sich derjenige persönlich betroffen und verletzt fühlen.
2. **Wenn Sie eine rhetorische Frage stellen.** Würden Sie dabei jemanden anschauen, käme derjenige in Verlegenheit. Soll er jetzt eine Antwort auf Ihre Frage geben oder nicht?

In diesen beiden Fällen schauen Sie bewusst über die Köpfe der Zuhörer hinweg, so fühlt sich niemand persönlich angesprochen.

- Ich schaue immer jemanden an, außer wenn ich Negatives erwähnen muss oder eine rhetorische Frage stelle.
- Ich sammle von einem Zuhörer nach dem anderen Belege ein, bis am Schluss der Rede die Nadel voll ist.

Das Sprechdenken

Heinrich von Kleist hat über die »allmähliche Verfertigung der Gedanken beim Reden« geschrieben. Beim Aussprechen werden Gedanken geklärt, konkretisiert, zementiert und es folgen fast automatisch weitere nach. Dieser Prozess kommt aber nur in Gang, wenn Sie frei formulieren, dann fängt es an zu sprudeln und hört nicht mehr auf! Wenn Sie hingegen fertige Sätze ablesen, blockieren Sie sich. Wer es nicht gewöhnt ist, vor einem Publikum frei zu reden, braucht am Anfang etwas Mut. Den können Sie nur finden, wenn Sie sich nicht ständig auf perfekte Formulierungen konzentrieren. Das Streben nach Perfektion erzeugt innere Ängste, dass alles nicht gut und schön genug sein könnte, und diese Ängste verhindern, dass der Prozess des Sprechdenkens anlaufen kann. Lösen Sie sich von der (Selbst-)Verpflichtung und dem Zwang, eine perfekte Rede zu halten. Sagen Sie sich wie Martin Luther: »Hier stehe ich, ich kann nicht anders!« Denken Sie daran, dass rhetorische Perfektion ohnehin eher Ablehnung erzeugt. Erinnern Sie sich daran, dass rhetorische Fehlleistungen sogar erwünscht sind, denn sie führen zu einer emotionalen Annäherung an die Zuhörer. Also, dann los, auch wenn Fehler passieren! Die Amerikaner würden sagen: »So what?«

Denken Sie voraus. Lassen Sie Ihren Gedanken freien Lauf. Denken kann man sehr schnell, viel schneller als reden. Konzentrieren Sie sich nicht auf das Reden, sondern allein auf das Vorausdenken. Dann fließen Ihnen viele Gedanken zu. Diese wandern in einen Trichter, verdichten sich und kommen am anderen Ende als ganze Sätze heraus.

> **Denken Sie voraus,
> wenden Sie sich ganz einem Zuhörer zu
> und lassen Sie »es« einfach reden.
> »Es« redet dann schon!**

Ich bin immer wieder überrascht, dass das so leicht und spielend geht. Aber ich muss betonen, es funktioniert nur, wenn ich jemanden anschaue, der ein freundliches Gesicht macht und es gut mit mir meint. Blicke ich länger in ein grimmiges oder abweisendes Gesicht, bekomme ich eine Denkblockade. Auch deshalb ist es so wichtig, dass ich im Saal »Freunde« finde!

In meinen Coachings und Seminaren lernen die Teilnehmer, diesen Prozess bei sich selbst einzuleiten. Sie sind immer wieder erstaunt, dass es funktioniert, und können fast nicht glauben, dass Sie dabei eine viel ausdrucksstärkere Mimik und eine lebhaftere Gestik entwickeln – was aber mit Videoaufzeichnungen leicht zu beweisen ist. Schaut man jemanden an, während man vorausdenkt, entdeckt man darüber hinaus, dass diese andere Person die eigene Gedankenkraft gewaltig potenziert. Die Gedanken purzeln einem nur so zu. Warum das so ist, lässt sich ganz einfach erklären: Alle Zuhörer denken über dasselbe nach wie der Redner. Also gibt es umso mehr Gedankenkraft, je mehr Zuhörer anwesend sind. Bei fünfhundert Zuhörern ist es viel mehr als bei nur fünfzig! Ist doch logisch, oder? Sehen Sie, so geht das.

Voraussetzung ist allerdings, dass man die Thematik beherrscht, dass die Argumente »unter der Haut« sind, denn: Wo nichts ist, kann nichts entstehen. Deshalb müssen Sie sich natürlich mit der Materie, über die Sie referieren wollen, intensiv befasst und auseinander gesetzt haben. Wenn die Materie grundsätzlich »sitzt«, Sie aber wenig Zeit haben, sich auf eine anstehende Rede vorzubereiten, genügt die mentale Einstimmung, wie ich sie bereits beschrieben habe. Aber diese muss sein. Es ist unabdingbar, sich vorher gedanklich mit dem zu befassen, worüber man reden will. Dabei entstehen oft Bilder und Szenen aus eigenen Erlebnissen. Und schon hat man Beispiele, die man bringen kann.

Bildhaftes Reden ist überhaupt ein Vorteil. Ich kann einem Redner sofort anmerken, ob er sich das, worüber er redet, gerade bildhaft vorstellt. Es ist mir, als wenn sich das Bild, das er im Kopf hat, auf mich überträgt und ich es auch sehen kann. Das ist ganz merkwürdig. Wie das funktioniert, kann man wissenschaftlich zwar noch nicht erklären, aber eines Tages, da bin ich mir sicher, wird es so weit sein.

Sehen Sie, wie wichtig es ist, dass Sie nicht an einem Manuskript »kleben«, sondern immer jemanden anschauen, der sie inspiriert? Eine Ausnahme sei Ihnen gestattet. Wenn Sie ganz tief in sich gehen und kontemplativ werden, etwas von ganz innen schöpfen, können Sie Ihren Blick senken. Sie »versenken« sich dann in sich selbst. Aber diese Sequenzen dürfen nicht zu lange andauern, sonst fühlen sich die Zuhörer ausgeschlossen und allein gelassen.

Jetzt wissen Sie, warum Sie es da vorn niemals allein schaffen. Sie sind geradezu abhängig von den Zuhörern und deren Bereitschaft, Ihnen zu helfen. Wenn alle weggucken, sind Sie verloren. Das passiert mir schon auch mal, Gott sei Dank nur selten. Dann bin ich verzweifelt, denn ich kann so nicht arbeiten, und tue alles, damit mich die Menschen anschauen: Ich erhöhe die Lautstärke, fange an zu brüllen, gehe auf einen Zuhörer zu, fasse ihn am Arm und sage zu ihm etwas wie: »Ist das nicht phantastisch?«

Sie stehen am Anfang einer Entwicklung, die immer weiter geht und keine Grenzen kennt. Sie werden spüren, wie Sie als Redner immer stärker werden, immer noch besser ankommen, die Zuhörer immer noch stärker mitreißen und begeistern können.

Sie werden manchmal gar nicht mehr realisieren, dass Sie reden, dass Sie es sind, der da redet. Wenn Sie ab und zu das Gefühl haben: »Da redet jemand, der zwei Meter von mir entfernt ist«, und dann realisieren: »Das bin ja ich!«, dann sind Sie so weit. Mir passiert das sehr oft. Ich halte mich beim Reden fast die ganze Zeit in einer Sphäre auf, die ich gar nicht beschreiben kann, manchmal ist sie weit weg, manchmal kommt sie ganz in mich. Manchmal spüre ich eine universelle Kraft, die über uns allen steht – gleich wie sie genannt wird –, und wie diese Kraft durch mich hindurch auf die Zuhörer wirkt und sich auf diese überträgt. Jetzt habe ich diesen Zustand sogar beim Schreiben erreicht. Nicht ich, sondern »es« hat geschrieben. Ich kenne keinen Zustand, der mich mehr fasziniert und beglückt!

Es hat allerdings zwei Nachteile, wenn man so arbeitet:

1. Man weiß am Schluss nicht mehr so genau, was man alles gesagt hat. Aber wenn man im Thema völlig »drin« ist, spielt es keine Rolle, ob man etwas so oder andersherum formuliert.
2. Man verliert das Zeitgefühl. Es ist deshalb wichtig, sich ab und zu bewusst aus dieser Euphorie »herauszunehmen« und auf die Uhr zu schauen, damit man nicht überzieht.

- **Ich schaue immer jemanden mit einem freundlichen Gesicht an.**
- **Ich denke voraus, konzentriere mich ganz auf die Zuhörer und lasse »es« einfach reden.**
- **Ich halte mich an die »Freunde«.**

Pausen als rhetorische Macht

Über die Macht der Pause habe ich schon oft gesprochen und geschrieben. Allerdings hat die Pause nur in unserem Kontext, also im verbalen Monolog, ihren Platz. In einem Streitgespräch, in dem ein ständiger Kampf ums Wort herrscht, wäre sie fatal. Der Gegner würde sofort das Wort ergreifen. In einer (Überzeugungs-)Rede hingegen, wo der Dialog lediglich nonverbal abläuft, ist die Pause ein ganz wichtiges rhetorisches Arbeitsmittel. Unerfahrene Redner meinen, sie müssten andauernd reden. Die Stimme bleibt dabei immer oben. Wenn sie nicht weiterwissen, füllen sie die Pause, die entstehen könnte, mit einem »Äh«. Die Steigerung dazu ist das »Und … äh …«. Böse Kollegen nennen das »Grüße aus dem Neandertal«. Einem Redner, der auf diese Weise vorträgt, also die Stimme niemals senkt und niemals eine Pause macht, kann man nicht lange zuhören, es ist ganz unmöglich. Man ermüdet als Zuhörer allzu rasch, man kann diese dauernde Anspannung einfach nicht aushalten. Der Redner übrigens auch nicht.

Sie sollten nach jedem Satz eine Pause machen. Damit markieren Sie, dass der Satz zu Ende ist. Wie wollen Sie das sonst machen? Sie können ja nicht sagen: »Punkt!« Einen neuen Abschnitt sollten Sie ebenfalls mit einer Pause, und zwar mit einer langen Kunstpause, markieren. Oder wollen Sie sagen: »Neuer Abschnitt«, wie beim Diktieren? Nur mit Pausen können Sie deutlich machen, wie Sie Ihre Sätze und Abschnitte strukturieren.

Die Pause hat noch weitere Funktionen:

- Luft schöpfen
- von einem Zuhörer eine Bestätigung einholen
- das soeben Gesagte verstärken
- in Ruhe vorausdenken
- im Manuskript nachsehen, wie es weitergeht

Anfänglich erfordert es etwas Mut, Pausen zu machen. Man hat Angst, stecken zu bleiben. Und diese Angst erzeugt den Zwang, immerzu reden zu müssen. Haben Sie beim Vortragen schon einmal den Faden verloren und mussten deshalb eine lange Pause machen? Für Sie war das sicher sehr unangenehm. Und für die Zuhörer? Was glauben Sie? Ich sage es Ihnen: Den Zuhörern war es höchst willkommen, denn endlich konnten sie ein wenig nachdenken über das, was soeben gesagt wurde. Endlich konnten sie sich etwas erholen von der Anspannung, dauernd zuhören zu müssen. Was dem Redner als Schwäche erscheint, ist für die Zuhörer oft das Gegenteil. Die Pause ist dafür ein Beispiel.

Schnellredner in meinen Coachings und Seminaren kann ich übrigens nur kurieren, indem ich ihnen rate, mehr und längere Pausen zu machen. Wenn ich ihnen sage, sie sollen langsamer reden, dann dauert es keine zwei Minuten, bis sie wieder in ihr gewohntes Tempo verfallen. Langsamer zu reden kann man nicht bewusst lernen, Pausen zu machen wohl. Aber es ist mühsam und dauert. Ich musste es auch lernen. Als temperamentvoller und eigentlich schneller Redner würde ich normalerweise die Grenze der Verständlichkeit überschreiten. Dadurch aber, dass ich öfters und teilweise sehr lange Pausen mache, rede ich automatisch langsamer. Komisch, nicht? Ist aber so.

Sie haben nur dann eine Chance, künftig vermehrt Pausen zu machen, wenn Sie wie folgt vorgehen: Sie bitten jedes Mal einen Zuhörer, der möglichst ganz vorn sitzt, Ihnen ab und zu einen Zettel zu zeigen, auf dem ganz groß das Wort »Pause« steht. Nach ein paar Monaten werden Sie diese Hilfe nicht mehr brauchen. Dann können Sie es Ihr Leben lang.

Ich mache öfters längere Pausen
- **Ich mache Pausen an den Satzenden und bei neuen Abschnitten.**
- **Ich lerne mithilfe von Pausen langsamer zu reden und das soeben Gesagte zu verstärken.**
- **Ich setze die Pausen dazu ein, Belege einzuholen.**

Der richtige Umgang
mit Störungen

Um es gleich vorwegzunehmen: Störungen während einer Rede sind immer sehr unangenehm, für den Redner und für das Publikum gleichermaßen. Dennoch kommen sie vor, manchmal beabsichtigt und häufig auch unbeabsichtigt.

Da geht die Tür auf, jemand kommt herein und fängt an, in einem Schrank etwas zu suchen. Alle Zuhörer beobachten nun gebannt den Störenfried und verfolgen seine Suchaktion. Keiner hört Ihnen mehr zu. Daraus ergibt sich eine einzige, logische Schlussfolgerung: Hören Sie sofort auf zu reden! Unterbrechen Sie Ihren Vortrag, bis die Person wieder gegangen ist. Es ist zu erwarten, dass diese Unterbrechung hilft, die Störung wesentlich zu verkürzen.

Machen Sie keinerlei Bemerkung zu der Störung, dadurch würde sie nur noch mehr Bedeutung erhalten. Zudem fiele die rhetorische Steigerung, die Sie bisher aufgebaut haben, in sich zusammen und Sie müssten anschließend wieder bei null beginnen. Wenn Sie nichts sagen, ist alles nur halb so wild. Diese Regel können Sie in den meisten Fällen anwenden, wie zum Beispiel bei:

- Zwischenrufen
- Baulärm
- lautem Reden im Nebenraum
- Geräuschen im Gebäude usw.

Wenn Zuhörer während Ihres Vortrags miteinander tuscheln oder sogar laut reden, können Sie auch zuerst einmal diese Methode versuchen. Ein solches Verhalten ist aber meistens ein Zeichen nachlassender Aufmerksamkeit. Für Sie kann das ein Alarmsignal sein: »Jetzt muss ich mich steigern, sonst schlafen die Leute ein!« Es passiert allerdings auch immer wieder, dass einzelne Zuhörer die ganze Zeit mit ihrem Nachbarn flüstern. Das empfinde ich als äußerst unangenehm und nehme es sehr persönlich. So jemand signalisiert mir, dass er eigentlich gar nicht hier sein möchte. Bei firmeninternen Seminaren passiert das ab und zu. Das ist schlecht. Ich frage die betreffende Person dann in der Pause, ob sie sich in dem Seminar nicht wohl fühle. Meistens hilft das. In Extremfällen schicke ich so einen Teilnehmer auch schon mal weg. Das ist in meiner Praxis von über vierzig Jahren allerdings erst drei Mal vorgekommen. Es ist in jedem Fall nur die zweitbeste Maßnahme, weil es die Stimmung nachhaltig dämpft. Die beste Maßnahme ist, den Störenfried dazu zu bringen, dass er aufmerksam zuhört. Manchmal gehe ich in einem Vortrag auf so einen Zuhörer zu und frage ihn laut und deutlich: »Dürfen wir auch hören, was Sie gerade gesagt haben? Es ist doch sicherlich sehr interessant!« Der stört bestimmt nicht mehr.

Wenn jemand einschläft, versuche ich zuerst, die Lautstärke extrem zu modulieren, von ganz leise bis zu lautem Brüllen. Dann mache ich unerwartete Sprechpausen, mitten im Satz und schaue die Person an. Wenn das alles nicht hilft, gehe ich während des Redens ganz nahe zu ihr hin und rede weiter. Diese Person schläft nicht mehr ein. Und falls doch, muss ich resignieren.

Ich gehe davon aus, dass vorher angekündigt wurde, dass Sie nach Ihrem Vortrag selbstverständlich noch für Fragen zur Verfügung stehen und man bitte daher die Fragen an den Schluss stellen wolle. Damit sollte alles klar sein. Wenn dennoch während des Vortrags Fragen kommen, empfinde ich das als unhöflich. Trotzdem versuche ich eine positive Haltung zu bewahren und sage in etwa: »Ihre Frage zeigt mir Ihr großes Interesse und das freut mich, aber ich antworte lieber später in der Diskussion.« Oder: »Das beantwortet sich im weiteren Verlauf meines Vortrags von selbst.« So appelliere ich an die Höflichkeit und an die gute Erziehung der Zuhörer, ohne eine schlechte Stimmung zu schaffen. Auf keinen Fall gebe ich eine Antwort auf die Frage, denn erstens würde das der rhetorischen Spannung schaden und zweitens andere dazu ermuntern, ebenfalls Fragen zu stellen. Dann haben Sie bald eine Diskussion anstelle eines Vortrags.

Böse Zwischenrufe und lautes Pfeifen oder noch schlimmere Angriffe, wie zum Beispiel mit Eiern oder Tomaten beworfen zu werden, sind in aller Regel Politikern vorbehalten. Diese müssen oft bei Versammlungen auftreten, wo das gesamte Publikum gegen sie ist. Aber auch einen Unternehmensführer kann es treffen, bei einem Streik, einer Firmenschließung oder bei Entlassungen, wenn er vor der versammelten Belegschaft spricht. In solchen Fällen ist guter Rat teuer. Vielleicht kann Schlagfertigkeit helfen. Franz Josef Strauß sagte einmal, als er lauthals unterbrochen wurde: »Bei uns in Bayern machen wir Politik mit dem Kopf, nicht mit dem Kehlkopf!« Ich bewundere Politiker und andere Redner und leide mit ihnen, wenn sie sich mit der Verletzung aller Anstandsregeln konfrontiert sehen und trotzdem verzweifelt versuchen, ihre Rede fortzusetzen, oder schließlich abtreten müssen.

Entscheidend ist, dass ich eine positive Einstellung behalten kann, wenn ich von einem Zuhörer unterbrochen werde oder eine abschätzige Bemerkung hinnehmen muss. Da sagte mir in einem Seminar, das ich für die Belegschaft einer Reinigungsfirma durchführte, eine junge Teilnehmerin, deren Arme von oben bis unten tätowiert waren: »Was S' da g'sagt haben, is' doch'n fertiger Blödsinn!« Ich erschrak, fasste mich jedoch und fragte sie: »Was genau ist Ihre Frage?« Sie antwortete mit einer zweiten Unverschämtheit. Ich erwiderte: »Ich muss darüber nachdenken, was Sie da sagen, ich nehme das sehr ernst«, und setzte meinen Vortrag fort. Sie unterbrach mich noch mehrmals. Ich wendete jedes Mal dieselbe Taktik an und versuchte Haltung zu bewahren. Mir fiel auf, dass ihre Interventionen immer weniger aggressiv wurden. Nach Beendigung des Seminars stand ich am Ausgang mit dem Chef zusammen in einem Gespräch. Da kam die junge Frau auf mich zu, schüttelte mir die Hand und sagte: »'s war dann gut!« Der Chef drückte mir daraufhin seine Bewunderung aus und meinte: »Wie haben Sie das nur fertig gebracht? Das ist die Problemfrau Nummer eins in unserem Unternehmen und wir denken daran, sie zu entlassen!« So ein Erfolg zählt doppelt. Ich fuhr mit einem besonders guten Gefühl nach Hause.

Wenn ich in Coachings Klienten auf Streitgespräche oder Podiumsdiskussionen vorbereite, rate ich ihnen, Unterbrechungen wie folgt zu unterscheiden und entsprechend zu reagieren:

- **Man verdreht die Worte**
Ich sage: »Ich habe das so nicht gesagt.«
- **Man verfehlt die Sache**
Ich sage: »Das hat mit der Sache nichts zu tun.«
- **Man verletzt die Würde**
Ich sage: »In diesem Ton wollen wir nicht miteinander reden.«

Wenn alle Stricke reißen und einem nichts einfällt, kann man ohne weiteres sagen: »Darauf kann ich nicht antworten, dazu fehlen mir die Worte.« Damit appellieren Sie an das Verständnis und die Hilfsbereitschaft der anderen Zuhörer. So eine Äußerung wird selten als Schwäche empfunden, sondern eher als ein Identifikationsangebot. Jeder denkt: »So würde ich auch reagieren, wenn ich könnte!« Es ist jedenfalls viel besser zuzugeben, dass man gerade keine Antwort weiß, als eine zu konstruieren, die im Nachhinein gefährlich sein könnte.

Bei Unterbrechungen bewahre ich Haltung
- **Ich weise auf die anschließende Diskussion hin.**
- **Ich ignoriere Zwischenrufe und andere Unhöflichkeiten.**
- **Bei Störungen warte ich mit Weiterreden.**

Tabus vermeiden

Über »äußerliche« Tabus – wie falsche Körperhaltung oder das Ablesen einer ausformulierten Rede – habe ich schon geschrieben. Das sind Untugenden, die einen Redner sehr unvorteilhaft wirken lassen. Darüber hinaus gibt es inhaltliche Tabus, die Sie beachten sollten.

Humor/Witze: An sich ist Humor keinesfalls ein Tabu, sondern wäre sogar erwünscht. Aber er birgt immer gewisse Risiken, denn die Vorstellungen von Humor sind bei den einzelnen Zuhörern sehr unterschiedlich. Was der eine lustig findet, kommt beim anderen gar nicht gut an, schlimmer noch: Er empfindet es vielleicht sogar als beleidigend. Deshalb sind auch Witze riskant und gefährlich. Sich über kranke oder behinderte Menschen lustig zu machen – auch das soll es geben – halte ich für absolut geschmacklos. Über abwesende Personen herzuziehen kommt ebenfalls schlecht an. Sich hingegen über sich selbst lustig zu machen wirkt äußerst humorvoll und ist sehr zu empfehlen. Es gehört mit zum Stärksten, was es gibt, wenn Sie eine lustige Geschichte erzählen können, in der Sie sich blamiert haben.

Sex: Alles, was mit Sex zu tun hat, ist in einer Rede verpönt. Nicht nur wenn unter den Zuhörern fromme oder prüde Leute sitzen, sondern generell. Sex ist ein ganz großes Tabu. Ich kannte einen Trainerkollegen, der einmal in einem öffentlichen Vortrag eine zweideutige Bemerkung machte. Damit war seine Karriere vorbei.

Religion: Jegliche Andeutungen über irgendwelche Religionen sind tabu. Auch wenn ein Redner zum Beispiel ein gläubiger Christ ist, sollte er es unterlassen, das zu sagen oder gar Bibelsprüche zu zitieren. Er würde sich damit über die Zuhörer erheben und andersgläubige oder atheistische Zuhörer in Verlegenheit bringen.

Rassenunterschiede: Das ist ein besonders heikles Thema. Schon die Unterscheidung zwischen Mann und Frau kann rassistisch wirken. Ich habe nur ein einziges Mal in einer Rede gesagt: »Wenn diese Frau ihren Mann steht«. Obwohl das eigentlich korrekt ist und von vielen Autoren so verwendet wird, bekam ich sehr negative Rückmeldungen auf diese Äußerung.

Minderheiten: Bemerkungen – noch dazu abwertende – über Minoritäten sollten Sie tunlichst meiden. Sie können manchen Zuhörern in den falschen Hals geraten. Ich erinnere mich an einen Redner, der den »Röschtigraben« erwähnte (damit ist die Sprachgrenze zwischen Deutsch- und Welschschweizern gemeint). Etliche französischsprachige Zuhörer aus der Westschweiz nahmen ihm das übel.

Personen kritisieren: Ich würde in einer Überzeugungsrede niemals jemanden kritisieren, ob anwesend oder nicht. Das macht sich einfach schlecht. Es ist meiner Meinung nach auch gar nicht notwendig, da man seinen Standpunkt sicher auf andere Weise klar machen kann.

Ich vermeide inhaltliche Tabus
- **Humor/Witze (vor allem über kranke oder behinderte Menschen)**
- **Sex**
- **Religion**
- **Rassenunterschiede**
- **Minderheiten**
- **Kritik an Personen**

Distanz und positive Einstellung

Mehrfach habe ich in diesem Buch geschrieben, dass Sie authentisch bleiben und immer zu Ihren Gefühlen stehen sollen, was logisch betrachtet negative Gefühle mit einschließt. Und nun sollen Sie plötzlich das Gegenteil anstreben? Sie werden gleich sehen, dass das kein Widerspruch ist.

Zunächst will ich auf ein Problem eingehen, das viele sehr beschäftigt. Die Negativeinflüsse, die täglich auf uns einwirken, haben stark zugenommen und belasten uns zunehmend. Der Kampf um den Arbeitsplatz hat vielerorts unschöne Formen angenommen. Mobbing und Intrigen sind an der Tagesordnung. Der Umgangston ist unangenehm, brutal hart und oft zynisch. Eine solche Kommunikationskultur erzeugt ein schlechtes Arbeitsklima. Wenn jeder Mitarbeiter auf Kosten der anderen möglichst gut dastehen will, bleiben Teamleistungen weit hinter den Erwartungen zurück. All das führt zu psychischer Belastung, die, als wäre sie selbst nicht schon schlimm genug, körperliche Krankheiten auslösen kann. Immer mehr Manager und Mitarbeiter aller Hierarchiestufen nehmen regelmäßig Medikamente ein, um sich vor diesem täglichen Druck zu schützen. Das mündet bald in einem Teufelskreis, da solche Präparate auf Dauer abhängig machen und die natürliche Resistenz gegen Negativeinflüsse aller Art abbauen. Vor allem engagierte und sensible Mitarbeiter – die wertvollen Leistungsträger – sind gefährdet, da sie stärker unter einer schlechten Arbeitsatmosphäre leiden.

Es gibt einen natürlichen Schutz gegen diese äußeren Einflüsse: eine gewisse Distanz zu sich selbst. Und damit werde ich jetzt konkret. Nehmen wir einmal an, Sie haben gerade etwas sehr Unangenehmes erlebt, Sie stehen noch ganz unter dem Einfluss dieses Ereignisses und Ihre momentane Stimmung ist daher sehr schlecht – und ausgerechnet jetzt müssen Sie eine Rede halten oder gar ein Interview geben, vielleicht sogar im Fernsehen. Wenn Sie in dieser Stimmung auftreten, wird das nicht gut gehen. Das kann für Sie sehr unangenehme Konsequenzen haben. Sie brauchen also Distanz. Um Distanz gewinnen zu können, müssen Sie ein stärkeres Bewusstsein für sich selbst entwickeln. Das können Sie erreichen, indem Sie bestimmte Gedankengänge durchlaufen.

Zuerst müssen Sie lernen, mehr auf Ihren Körper zu achten, denn er ist der Indikator nicht nur für physische, sondern auch für geistige Vorgänge. Nehmen Sie Ihren Atem überhaupt richtig wahr? Riechen Sie gute Luft? Schmeckt Ihnen eine leckere Speise? Sehen Sie schöne Dinge, die Sie umgeben? Fühlen Sie, was Sie betasten? Spüren Sie Ihre Muskeln, wenn Sie sich bewegen? Oder haben Sie vor lauter Anspannung gar keine Zeit mehr dafür?

Genauso wichtig, wie Ihre Sinne verstärkt wahrzunehmen, ist es, Ihre momentane Gefühlslage zu erkennen und sie anzunehmen. Wissen Sie und geben Sie es zu, wenn Sie ärgerlich sind? Gestehen Sie sich ein, dass Sie Angst haben, wenn das der Fall ist? Freuen Sie sich wirklich, wenn Sie etwas Angenehmes erleben, oder haben Sie auch das verlernt?

Wenn Ihnen diese körperlichen und psychischen Vorgänge wieder mehr bewusst werden, können Sie sie richtig positionieren und verarbeiten. So wichtig sie sind, so wenig dürfen Sie sich mit ihnen gleichsetzen. »Ärger« sind nicht Sie, »Freude« sind nicht Sie, es ist nur eine Stimmung, eine Emotion. Stimmungen und Emotionen sind vergänglich. Sobald Ihnen klar ist, dass Gefühle vorübergehen, werden Sie nicht mehr davon beherrscht. Wenn Sie eine Emotion im Moment des Entstehens bewusst wahrnehmen können, dann erkennen Sie auch ihren flüchtigen Charakter. Sie können gleichsam zuschauen, wie sich in Ihrem Ich eine Show abspielt. Wenn Sie sich mit dieser Show identifizieren, leiden Sie. Wenn es Ihnen gelingt, Distanz zu halten, ist diese Stimmung oder dieses Gefühl zwar nicht weg, aber Sie werden nicht davon weggerissen. Angst wird dann nicht zur Panik und Freude nicht zur Euphorie. Sie werden zum Zuschauer, der die Vorgänge auftauchen und wieder vergehen sieht.

Auch Gedanken kommen und gehen. Sie müssen lernen, ihnen nur zuzuschauen, ohne sich mit ihnen zu identifizieren. Mit der Zeit können Sie feststellen, dass zwischen dem Kommen und Gehen von Emotionen und Gedanken kleine Pausen entstehen. In diesen Pausen ist Ruhe. Eine Beleidigung steht zwar noch im Raum, sie plagt Sie jedoch nicht mehr, weil Sie sich weder mit ihr noch mit den durch sie hervorgerufenen Emotionen gleichsetzen.

Die erstrebte Ruhe, die eine Distanzierung vom eigenen Ich bringt, können Sie ganz leicht mit einer einfachen Atemübung erzielen (siehe Kapitel »Übungen«, Seite 149).

Sehen Sie, was ich in diesem Kapitel anstrebe? Wir haben die Tendenz, Unangenehmes zu verdrängen. Wer auf diese Weise Traurigkeit, Enttäuschung, Wut oder Angst loswerden will, wird davon nur wieder eingeholt. Allenfalls verstecken sich diese Gefühle im Unterbewusstsein, wo ihnen nur schwer beizukommen ist. Wir stehen ihnen dann hilflos gegenüber. Verdrängte Gefühle können mit einem ganz anderen Gesicht wieder auftauchen, etwa als Aggression, Stolz oder sogar als Tugend, die uns eine Zeit lang täuschen kann. Wir dürfen nichts verdrängen. Was da ist, ist da. Schauen wir hin, akzeptieren wir es, lassen wir es kommen! Sich zu sagen: »Ja, jetzt fühle ich mich schlecht!«, ist der erste Schritt zur Aufarbeitung. Angst und Wut gehören zum Leben, Traurigkeit, Eifersucht, Aggression usw. zum normalen Tagesablauf. Das sind Verletzungen, die wehtun, die wir aber akzeptieren müssen. Wir schneiden uns ja auch nicht die Zehe ab, wenn sie schmerzt. Negative Gefühle sind genauso normale Regungen wie positive. Auch Angst darf existieren und eine Zeit lang anhalten. Wut kann uns weiterhin plagen, aber wir können lernen, dass unser eigentliches, inneres Wesen von all dem nicht erschüttert werden muss. Wir können lernen, Gefühle zuzulassen, ohne von ihnen besetzt oder blockiert zu werden. Sie zuzulassen heißt »lassen«, und nicht, sie loszuwerden. Alles, was wir *lassen* können, hat die Tendenz, sich zu neutralisieren, sich angelegentlich zu vermindern und schließlich aufzulösen. Hingegen besitzt einen das, wogegen man sich wehrt. Wir müssen lernen, Emotionen vorbeiziehen zu lassen, statt uns daran zu klammern oder sie zu verdrängen. Gefühle und Gedanken sind wie Wolken, die über den blauen Himmel ziehen. Während wir uns fälschlicherweise mit den Wolken identifizieren, vergessen wir, dass wir eigentlich der weite, unbegrenzte Himmel sind.

Mit stetigem Durchlaufen dieser Gedankengänge und der Atemübung auf Seite 152 gelingt es Ihnen allmählich, eine gewisse Distanz zu sich selbst zu finden, die es Ihnen ermöglicht, auch unter schwierigen äußeren Einflüssen grundsätzlich positiv zu bleiben und immer leistungsstärker zu werden. Sie lernen, sich jeweils herauszunehmen aus einer momentanen großen Belastung, die aus einem unangenehmen Erlebnis entstanden ist. So können Sie sich fit machen für einen bevorstehenden Auftritt, indem Sie sich von negativen Emotionen weitgehend befreien. Diese sind zwar nach wie vor da, haben aber nicht mehr absolute Priorität.

Nachdem Sie Abstand zu negativen Emotionen gewonnen haben, besteht der nächste Schritt darin, zu einer positiven Einstellung zu finden. Das ist das Wichtigste von allem. Wenn Sie eine positive Einstellung haben zu dem, was Sie machen, und zu den Personen, mit denen Sie zu tun haben, wird alles viel leichter gehen. Wenn ich in einem Coaching mit einem Klienten eine Rede vorbereite und einübe, die er vor seinen Mitarbeitern halten muss, frage ich ihn manchmal: »Haben Sie Ihre Mitarbeiter gern?« Wenn er das bejaht, sage ich ihm: »Dann wird es ziemlich sicher eine gute Rede werden!«

Menschen, die eine positive Grundhaltung haben, haben es leichter im Leben und mehr Erfolg als diejenigen, die von Angst, Misstrauen, Neid, Eifersucht oder Missgunst durchdrungen sind. Eine positive Grundhaltung und die daraus resultierende positive Einstellung zu anderen Menschen geht in Richtung Liebe. Wenn ich schon dieses strapazierte Wort verwende, lassen Sie mich durch das folgende Zitat erklären, was ich darunter verstehe und wie schwierig alles wird, wenn die Liebe fehlt:

> **Pflicht ohne Liebe macht verdrießlich**
> **Verantwortung ohne Liebe macht rücksichtslos**
> **Gerechtigkeit ohne Liebe macht hart**
> **Wahrheit ohne Liebe macht kritiksüchtig**
> **Erziehung ohne Liebe macht widerspruchsvoll**
> **Klugheit ohne Liebe macht gerissen**
> **Freundlichkeit ohne Liebe macht kleinlich**
> **Sachkenntnis ohne Liebe macht rechthaberisch**
> **Macht ohne Liebe macht gewalttätig**
> **Ehre ohne Liebe macht hochmütig**
> **Besitz ohne Liebe macht geizig**
> **Glaube ohne Liebe macht fanatisch**
>
> Laotse

Liebe ist die größte Kraft der Welt, sie kann Berge versetzen und Wunder vollbringen. Wenn uns aber unschöne Erlebnisse aus der Fassung bringen und wir deshalb nicht »in Liebe bleiben« können, geht alles schief. Versuchen wir doch, unsere positive Grundhaltung zu bewahren und uns nicht in den Grundfesten erschüttern zu lassen. Das schaffen wir am ehesten, indem wir Distanz gewinnen.

> **Ich gewinne Distanz und eine positive Einstellung**
> - **Ich verarbeite negative Gefühle, statt sie zu verdrängen.**
> - **Ich achte mehr auf meinen Körper, meine Sinne und meine Gedanken.**
> - **Ich lasse Unangenehmes wie Wolken vorüberziehen.**
> - **Dazu mache ich die Atemübung.**

Übungen

Zuerst möchte ich natürlich in eigener Sache Seminare und Coachings anführen. Bei solchen Veranstaltungen werden Übungen unter der Führung eines erfahrenen Trainers gemacht. In Einzelcoachings kann mit einem minimalen Zeitaufwand von drei bis vier Stunden ein maximaler Erfolg erzielt werden. Bei der intensiven (und relativ anstrengenden) Form dieser Coachings mit Videoaufnahmen und -analysen, wie ich sie durchführe, wird eine aktuell bevorstehende Präsentation oder ein Vortrag eingeübt. Zuerst gehen wir, ich als Coach und mein Klient, den Inhalt kritisch durch und meistens müssen wir die Struktur und die Hauptaussagen optimieren. Die Anzahl der PowerPoint-Folien muss oft massiv reduziert werden. Es werden längere Strecken der freien Rede erarbeitet und aufgebaut, die wir anschließend mit der Videokamera aufnehmen und dann gemeinsam anschauen. Wir wiederholen das Ganze zwei bis drei Mal. Die Lernfortschritte von der einen Aufnahme zur nächsten sind frappant. Wenn wir dann beide der Meinung sind, dass eine Höchstform erzielt wurde, können wir das Coaching beenden. In den meisten Fällen genügen ein bis zwei solcher Coachings, um aus einem mittelmäßigen einen akzeptablen bis sehr guten Redner zu machen.

Es gibt aber auch zahlreiche Übungen, die man allein und ohne Trainer machen kann, um ein besserer Redner zu werden oder um eine Rede möglichst gut zu gestalten. Eine Generalprobe bringt versteckte Fehler und Schwächen im Inhalt sowie in der Vortragsweise an die Oberfläche, die man somit in der »Premiere« vermeiden kann. Leider hat jedoch heutzutage kaum jemand Zeit für eine Generalprobe. Das trifft sowohl auf den Redner als auch auf die benötigten »Testzuhörer« zu. Generalproben muss man deshalb auf einige wenige, besonders wichtige Veranstaltungen beschränken.

Zu Hause vor der Familie Ein-Minuten-Reden zu halten oder ihr aus einem Buch vorzulesen ist eine weitere Art der Übung. Vorteilhaft ist es auch, sich im Fernsehen gute Redner anzusehen und anzuhören.

Ich bin mir allerdings im Klaren darüber, dass solche Übungen einen großen zeitlichen Aufwand bedeuten und deshalb vor allem von überlasteten Managern kaum durchgeführt werden können. Für die folgenden Übungen benötigen Sie hingegen nur wenig Zeit, sie können jederzeit durchgeführt werden und sind sehr effizient. Ich empfehle Ihnen sehr, die ersten drei Übungen durchzuführen, wann immer sich eine Gelegenheit dazu bietet – die vierte Übung ist nur in Sonderfällen nötig.

Im Auto singen

Schon in meinem Buch »Natürliche Rhetorik«, das erstmals 1991 erschienen ist, empfehle ich diese Übung. Sie ist einfach durchzuführen und gleichzeitig sehr erfolgversprechend. Zum Reden brauchen Sie Ihre Stimme. Sie ist ein wichtiger Bestandteil Ihrer Persönlichkeit. Damit Ihre Stimme gestärkt wird und einen festen Klang bekommt, müssen Sie sie trainieren. Das geht am besten mit Singen. Legen Sie beim Autofahren eine Ihrer Lieblings-CDs ein und singen Sie in voller Lautstärke mit. Natürlich können Sie diese

Übung auch überall dort durchführen, wo Sie ganz ungestört sind. Wenn Sie den Text nicht auswendig kennen, so ist das überhaupt kein Problem, ein »La-La-La« tut es genauso. Wichtig ist, dass Sie die Töne nicht aus dem Kehlkopf herauspressen, sondern den ganzen Körper mitschwingen lassen. Atmen Sie tief ein und lassen Sie den Ton so richtig aus Ihrem ganzen Körper herausklingen. Sie werden staunen, was Ihnen das bringt. Ihre Stimme wird voll, stark und kräftig. Ich mache diese Übung regelmäßig und kann heute stundenlang und ohne Mikrofon reden, ohne heiser zu werden.

Die Atemübung

Diese Übung kommt bei meinen Seminarteilnehmern und den Klienten in Einzelcoachings sehr gut an. Man hat erkannt, dass man mit dieser Übung sehr schnell eine tiefe Entspannung erzielen kann. Immer wenn Sie in Hektik geraten, sich geärgert oder aufgeregt haben, gestresst oder ängstlich sind, können Sie innerhalb weniger Minuten Ruhe und Kraft schöpfen. Die Übung besteht aus vier Atemzügen und läuft folgendermaßen ab: Sie atmen mit kurzen Pausen durch die Nase ein – wie wenn sie schnuppern würden – und füllen Ihre Lunge bis fast zum Bersten. Sie lösen damit Ihr Zwerchfell, das wahrscheinlich verspannt ist. So eine Verspannung würde zur Kurzatmung führen, was einen Sauerstoffmangel im Gehirn bewirkt. Das kann bis zu Absenzen führen. Früher pflegten die Frauen oft in

Ohnmacht zu fallen. Das war nicht immer nur gespielt, sondern meistens echt, und zwar wegen der Korsetts – bis oben fest zugeschnürt –, die sie zur Kurzatmung zwangen.

Wenn Sie die Lunge voll gefüllt haben, atmen Sie mit Schwung durch den Mund aus, Sie lassen den Atem quasi herausfallen – und dann warten Sie. Warten Sie so lange wie möglich mit dem Wiedereinatmen. Je länger Sie warten, umso stärker ist die Wirkung der Übung. Zen-Praktizierende warten bis zu einer Minute, das braucht allerdings sehr viel Training. Es reicht, wenn Sie fünf bis sieben Sekunden schaffen. Das erscheint anfangs immer noch sehr lang. Nach vier solchen Atemzügen fühlen Sie sich ruhig und stark, gleichzeitig aber unerhört energiegeladen. Diese Übung können Sie ganz diskret machen, ohne dass es andere überhaupt wahrnehmen. Ich mache sie regelmäßig, und zwar vor einer wichtigen Besprechung und vor jedem Auftritt. Ich kann damit mein Lampenfieber auf ein gerade noch erträgliches Maß senken.

Mentales Training

Diese Übung hat zum Ziel, Ihre Einstellung positiv zu verändern. Wenn Sie vor einer Gruppe auftreten müssen, in der Zuhörer sitzen, die Sie nicht mögen, oder wenn Sie durch eine unschöne Begegnung oder ein unerfreuliches Erlebnis in eine negative Gefühlslage geraten sind, können Sie mit dieser Übung vor Ihrem Auftritt sehr schnell Ihr Ethos von negativ auf neutral bis positiv verändern. Das heißt, Sie können Ihren emotionalen »Zähler« auf null stellen. *Voraussetzung ist, dass Sie vorher die* **Atemübung** *machen*, um Zugang zu Ihrem Unbewussten zu bekommen, und das schaffen Sie nur über tiefe Entspannung.

Nach der Atemübung schließen Sie die Augen und stellen sich die Gesichter der Zuhörer vor, zu denen Sie anschließend sprechen werden. Jetzt lenken Sie einen Sonnenstrahl von Zuwendung, Wohlwollen und Wertschätzung aus Ihrer Körpermitte heraus auf diese Gesichter. Dann sprechen Sie in Gedanken zu diesen Personen, wie zu kleinen Kindern: »Ich will nur Gutes für euch, habt Vertrauen, öffnet euch, seid zuversichtlich, ich mag euch!« Vermeiden Sie Negationen wie: »Seid mir nicht böse, habt keine Angst vor mir!« Das wäre kontraproduktiv, denn das Unbewusste kennt keine Negationen, es würde nur »böse« und »Angst« speichern. Lassen Sie das so lange auf diese Personen einwirken, wie Sie es für richtig halten.

Diese Übung ist weder mystisch noch esoterisch und frei von weltanschaulichen oder religiösen Aspekten. Es ist schlicht mentales Training, wie es von Profisportlern schon seit vielen Jahren angewendet wird. Die heutigen Spitzenleistungen wären ohne solches Training undenkbar. Und wenn Sie in einer negativen Gefühlslage einen Vortrag, eine Rede oder eine Präsentation halten würden, wäre der Misserfolg ebenfalls vorprogrammiert. Mit dieser Übung aber können Sie sich sofort positiv programmieren und gewinnen Ruhe und Ausstrahlung. Es ist wirklich phantastisch.

Die Sprechübung

Wenn Sie sich mit Zischlauten schwer tun, empfehle ich Ihnen, die folgenden zwei Sätze mehrmals hintereinander laut auszusprechen:

Zwischen zwei Zwetschgenzweigen sitzen zwei zwitschernde Schwalben.

D'r Papscht hät's P'schteck z'spaat b'schtellt.
(Der Papst hat das Besteck zu spät bestellt.)

> **Ich mache regelmäßig meine Übungen**
> - Ich singe im Auto, wann immer sich Gelegenheit dazu bietet.
> - Ich mache die Entspannungsübung.
> - Ich führe das mentale Training durch.
> - Ich mache falls nötig die Sprechübung, um die Zischlaute deutlich zu sprechen.

Schlusswort

Zum Abschluss dieses Breviers plädiere ich für eine größere Redefreudigkeit der Topmanager. Als die Umsätze und der Neue Markt florierten, waren die Chefs Ikonen der New Economy und wurden in den Schlagzeilen der Zeitungen gelobt. Entsprechend gern sind sie öffentlich aufgetreten und haben sich und ihre Unternehmen in den höchsten Tönen gepriesen. Dann kamen die harten letzten Jahre und die Skandale (Enron, Worldcom, Arthur Andersen, Adecco, Parmalat, Erb-Gruppe und andere mehr). Der »perfect storm«, der über die westlichen Unternehmen hinwegfegte, hat viele Manager in die Verteidigung gejagt. Sie verstecken sich hinter Quartalsberichten und ziehen es ansonsten vor zu schweigen. Unter dem Druck der Medien, der Aufsichtsbehörden und der Rechtsanwälte haben sie die Köpfe eingezogen und warten auf bessere Zeiten. Wie der Fall Adecco zeigt, existiert der imperiale Chef nicht mehr, der sich – wenig zugänglich und »nie im Haus« – hinter Pult und Computer verbirgt und als einzige Botschaft ein »No comment!« hervorbringt.

Die Schweizer Familie Erb war in einem Milliardencrash zusammengebrochen – nicht zuletzt wegen mangelnder Kommunikation. Innerhalb des Konzerns hatte man entweder gar keine oder falsche Zahlen kommuniziert; nach außen hatte man sich völlig abgeschottet.

Das Wirtschaftsmagazin *Economist* schreibt: »Effektive Kommunikationskompetenz ist eine relativ neue Anforderung, das Resultat der Aufdringlichkeit der äußeren Welt. Ein Konzernchef und Manager muss überzeugend sprechen und auftreten. Eine große Zahl von Mitarbeitern motivieren zu können erfordert die Gabe, eine klare Vision überzeugend und begeisternd darzustellen. Eine Führungskraft, die kein Vertrauen herstellen kann und nicht authentisch ist, wird diese Aufgabe sehr schwierig finden.«

Das traditionelle Kommunikationsmodell, nach dem Unternehmen kontrollierte und geprüfte Informationen ausschließlich über ausgewählte Stellen an die Medien weitergeben, halte ich für überholt. Heute werden Image, Prestige und Reputation eines Unternehmens geprägt durch die Interaktion zwischen mehreren involvierten Interessengruppen, den »Stakeholders«: Mitarbeiter, Behörden, Geschäftspartner, Universitäten, Investoren, Verbraucherschützer, Nichtregierungsorganisationen und Medien.

Untersuchungen zeigen, dass Freunde, Familie, Kollegen, Mitarbeiter und Analystenberichte die glaubwürdigsten Informationsquellen sind, lange vor den offiziellen Informationen, die von den Unternehmen publiziert werden. Der Chef darf sich trotzdem nicht verstecken und darf die Kommunikation nach innen und außen nicht anderen überlassen oder gar ganz unterlassen. Damit kann ein Unternehmen bald unter Beschuss geraten. »Keine Nachrichten sind gute Nachrichten« wird jetzt ins Gegenteil gedreht: Unternehmen, die lange Zeit nichts von sich hören lassen, riskieren üble Gerüchte, negative Mutmaßungen. Das erzeugt einen Vertrauensverlust und der Konsument reagiert entsprechend, sodass die Umsätze schnell zurückgehen können.

Jetzt, wo es mit der Wirtschaft langsam wieder aufwärts geht, ist ein neues Kommunikationsmodell gefragt. Die Hardpower, also die Zahlen und sichtbaren Erfolge, reicht nicht mehr aus. So wie die USA ihre Macht nicht mit Waffen allein ausspielen sollten, darf der Manager in seinen Reden und anderen Auftritten nicht nur harte Fakten von sich geben. Auf soliden, zuverlässigen Zahlen und Fakten muss die Softpower aufgebaut werden. Das müssen klare, persönlich unterstützte Botschaften sein, die deutlich aussprechen, welche Ziele, Visionen, Intentionen ein Unternehmen hat und anstrebt. Es genügt nicht, zu sagen, *was* man erreichen will, sondern man muss glaubwürdig, verständlich und überzeugend erklären, *warum, wie* und *für wen.* Das erfordert eine konsumenten- und partnerorientierte Argumentation: Welche Vorteile, Nutzen und sinnvolle Leistungen – außer für sich selbst hohe Gewinne zu erzielen – bietet das Unternehmen seinen Kunden, Partnern und Mitarbeitern?

Dabei müssen laufend Kontakte zu den Stakeholders hergestellt und gepflegt werden. Diese müssen mit transparenten, verständlichen, vernünftigen und einleuchtenden Informationen versorgt werden, dass alles, was angestrebt wird, zum Wohl der Menschheit ist. So kann eher eine positive Firmenreputation geschaffen werden. In seinen Auftritten muss sich der Chef mit alldem identifizieren und sich mit seinem ganzen Herzblut hinter die Ziele und Aufgaben seines Unternehmens stellen. Volles und kompromissloses persönliches Engagement ist gefragt.

Der Chef muss häufig auftreten und reden, wenn er Leadership anstrebt. Er muss mit allen kommunizieren, die ihm begegnen, quer durch alle Stufen, bei jeder Gelegenheit, intern und extern. Und er muss die gleichen Botschaften wieder und wieder aussenden, ohne Abweichung und immer transparent, verständlich und einleuchtend.

Der Chef muss jederzeit bereit und fähig sein, sich vor Menschen hinzustellen und das Wort zu ergreifen. Dabei ist Authentizität gefragt, denn nur die macht ihn glaubwürdig und lässt ihn natürlich erscheinen. Er muss immer ganz sich selbst treu bleiben. Dabei spielen kleine rhetorische Fehlleistungen überhaupt keine Rolle. Ganz im Gegenteil, sie machen ihn menschlich und sympathisch. Also ein ganz anderer Ansatz als früher: Überzeugung, Credo und Begeisterung sind wichtiger als rhetorische Perfektion. Geschliffene Redner wirken eher suspekt und erzeugen oft Misstrauen und Ablehnung. Ein »Urgestein« kommt zu Hause und auch im Ausland viel besser an, weil es Ecken und Kanten hat. Eine gewisse Schwerfälligkeit beim Sprechen kann mehr Wirkung erzielen als Hochgeschwindigkeitseloquenz. Ich mache den Chefs Mut, möglichst oft zu reden: so, wie ihnen der Schnabel gewachsen ist!

Das alles gilt zunehmend auch für Sie, selbst wenn Sie nicht – oder noch nicht – der oberste Boss sind. Ihre Kommunikationswilligkeit und -fähigkeit werden für Ihre Karriere immer wichtiger, egal auf welcher Stufe Sie gerade stehen.

Möge Ihnen dieses Rhetorik-Brevier dabei helfen, überzeugender und nachhaltiger zu wirken.

Weitere Bücher von Harry Holzheu

»Aktiv zuhören – besser verkaufen«, Landsberg a. L. 2000
»Ehrlich überzeugen«, München 2003
»Natürliche Rhetorik«, München 2002
»Wer nicht lächeln kann, macht kein Geschäft. Emotional Selling«, Frankfurt a. M. 2003